日本全国駅名めぐり

今尾恵介

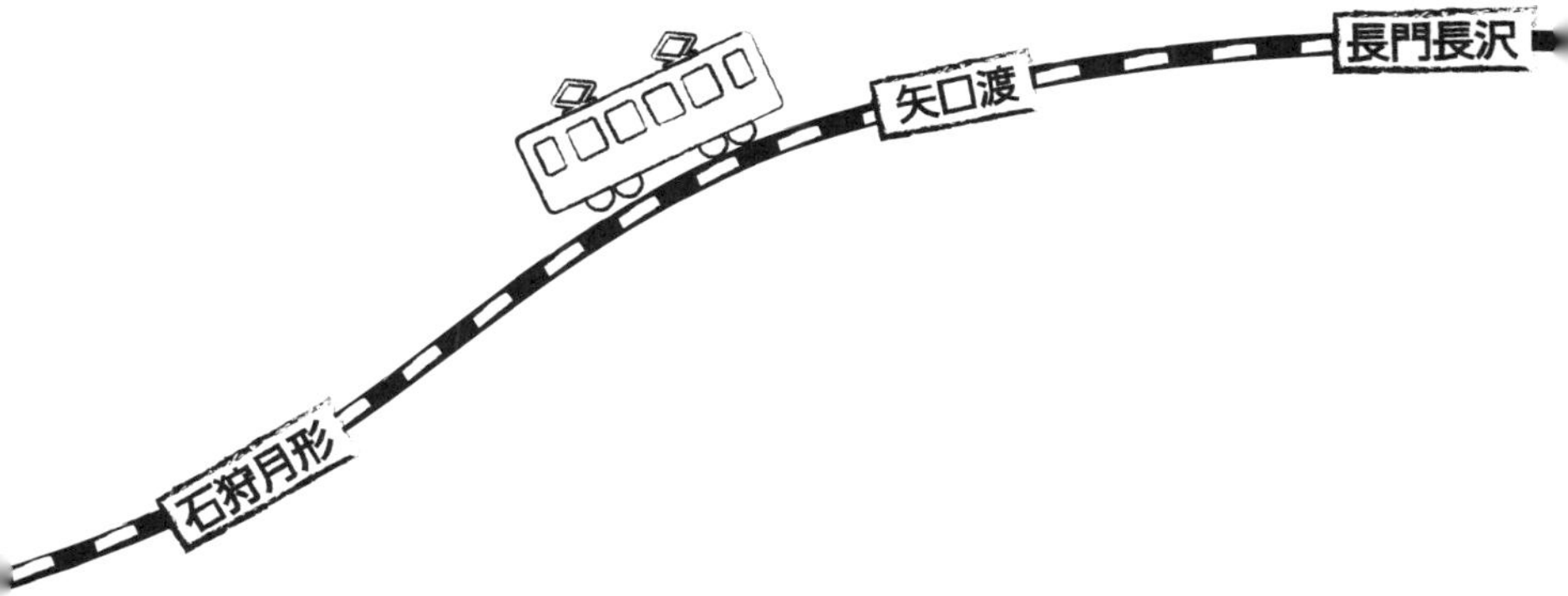

日本加除出版株式会社

はしがき

日本の鉄道の駅は、路面電車の停留場も含めて全国に一万ほどあるという。ＪＲ東京駅と東京メトロ丸ノ内線の東京駅をひとつに数えるかなど整理の仕方によっても異なるが、いずれにせよ鉄道・軌道全部合わせて二万七千数百キロから単純に計算すれば線路に沿って平均二・七キロおきに駅があることになる。

それだけ全国津々浦々に広がっている駅であるから、どこにでもあるような平凡な駅名（失礼！）もあれば、どうしてこんな駅名が発生したのか不思議なほどの珍名駅や難読駅も混じっている。一方で長い名前の駅もあれば短い駅名、かと思えば高原の駅、登山口や海水浴場を名乗る観光地的な駅も各地に設置された。伝統的に神社仏閣へのお客を運んできた鉄道路線には大きな神社や由緒ある古刹の名を麗々しく掲げて参詣客を集める駅が戦前から存在し、それらの駅舎はしばしば寺院建築風などにしつらえて雰囲気を盛り上げることを忘れない。

ふつうの地名に見えても実はいろいろと込み入った歴史や謎が隠されている事例は多い。たとえば東京のまん中を走る山手線。品川駅が品川区ではなくて港区にあったり、目黒駅が品川区だったりと所在地が食い違っているのは有名な話だが、かの新宿駅でさえ当初は新宿ではなく角筈《つのはず》（南豊島郡淀橋町大字角筈）という町にあった。恵比寿駅などはヱビスビールの工場に隣接した貨物駅がルーツで、それが旅客を扱うようになっても改称しなかったため、周囲の地名まで恵比寿に変えてしまった。反対に原宿駅や御徒町駅などは戦後の地名政策によって町名が統廃合され、駅名だけの存在になっている。

改称といえば何度も駅名を変えた例も多い。東急東横線の学芸大学駅（目黒区）など、最初の碑文谷から青山師範、第一師範を経て三度目の改称で現駅名にたどり着いている。現在でもたまに受験生が「大学はどこでしょうか」と尋ねてくるというが、余計なお世話ながらその時間から現在の小金井キャンパスまで移動していたら間に合うはずもない。

ところが地元の住民は駅名を変えたくない人の方が多いようだ。大学を名乗る駅名が「ブランド地名化」したからと考えられるが、もともと東急の前身もそれを見越して大学（旧制専門学校等）を積極的に誘致してきた経緯がある。隣駅の「都立大学」に至っては今は存在しない大学名だ（現在は首都大学東京）。これを考えれば、ブランド化すなわち土地の価値を上げる戦略は大成功だったということだろう。

そんなわけで特に私鉄では「一人でも利用者を増やしたい」という意向が駅名に込められていることが多い。筆者が最も典型的だと思うのは西武新宿線の花小金井駅である。所在地は小平市なのに、隣の小金井市の名を拝借しているのは「わが電車でお花見に訪れてほしい」という熱い願望が込められているからだ。桜花の小金井―花小金井、の最寄り駅ということである。昭和二年（一九二七）に同線が開業した当初の所在地は小平村大字野中新田与右衛門組であったが、戦後になって小平町が市制施行したのを機に、駅周辺の町名が野中新田与右衛門組から正式に「花小金井」と変更されることとなった。ふつうは地名が駅名に採用されるものだが、このような逆ケースも意外に少なくない。周辺住民が頻繁に利用する駅名は影響力が強いからだろう。かつて筆者が数年だけ住んだ東急東横線大倉山駅（横浜市港北区）の周辺でも、江戸期からの地名である太尾《ふとお》を捨て、大倉精神文化研究所のある山の意である駅名に合わせて大倉山という町名に変えられたのはつい最近のことだ。

それだけ影響力のある駅名であるから、新しい市名に合わせて改称するものも当然ながら多いし、新駅や新線の建設となれば駅名について緊迫した議論が起こるのもやむを得ない。その結果、妥協の産物の駅名や二つの地名を足した駅名、合成した駅名などなどバラエティはさらに広がっていく。

そんな新旧都鄙さまざまな駅に付けられた名前について、いろいろな方向から取り上げてみたのが本書であるが、これを機に駅名や地名について少しでも興味を持っていただければ幸いである。なお連載という形式上、同じ駅を別々のテーマで取り上げ、少なからず内容が重複している部分があるのはご容赦いただきたい。

本書の編集にあたっては、『住民行政の窓』での連載中から日本加除出版の倉田芳江さんにはとりわけお世話になった。掲載した数多くの写真は一部私の撮影したものを除いて、その大半が長沢敦司さん、加藤圭一さんをはじめ同社の皆様にお願いしたものである。改めて御礼を申し上げます。

今尾　恵介

平成三〇年（二〇一八）五月

目次

05.10.14

はしがき

第1章　変わった駅名……1

長い長い駅名　2
日本一短い駅名がもうひとつあった　5
豊田市、新日鉄前、そしてキリン――企業名の駅　9
浅野・安善・鈴木町――京浜工業地帯は人名駅の宝庫　12
知らなければ読めない駅名1　16
知らなければ読めない駅名2　20
知らなければ読めない駅名3　24
藤の牛島・のの岳・つきのわ――謎めいた駅　27

第2章　駅名でお客を呼ぶ駅……31

「前」の駅名は私鉄の営業戦略　32
神社仏閣にちなむ駅名　35
栄・千歳・自由が丘――瑞祥地名の駅　39
花小金井・金沢八景――名所旧跡を名乗る駅　42
「温泉」を後から付けたものが目立つ温泉駅　45

台、ヶ丘、野、それに外来語——新興住宅地の駅名　49
さくらんぼ東根・勝沼ぶどう郷——名産つき駅名　53
富士山・東京・佐久平——大きな駅名　56

第3章　山・川・海・橋・道の駅　61

海岸駅・海水浴場駅・水泳場駅　62
意外に低い所にもある「高原」の駅　65
木曽川・玉川上水・運河——河川名の駅　69
相模湖・田沢湖・河口湖——湖の駅　72
国道・産業道路・俊徳道——「道の駅」あれこれ　76
高尾・駒ヶ岳・のの岳——山の駅　79
新橋・日本橋・参宮橋——橋の駅　83

第4章　昔を今に伝える駅　87

北九州駅・さいたま駅はありません——市名と一致しない駅名　88
必ずしも新しくない「新〇〇」駅　93
西鹿児島・平・湊町——懐かしの駅名　97
津田沼・柿生・金子——旧村名を今に伝える駅　105

第5章　ひらがな、カタカナ、数字の駅　109

いわき・あつみ温泉・なにわ橋――ひらがなの駅名　110
ニセコ・多摩センター・阿仁マタギ――カタカナ駅名　113
二条・三条、四日市・五日町――数字の駅　117

第6章　命名に苦労した駅、要注意の駅　121

探せば見つかる?!――遠くの同名駅　122
われこそは真ん中の駅なり――中央○○駅・本○○駅　125
中央大学・明星大学駅、太子橋今市駅――連称駅名　128
東西南北の駅あれこれ　132
乗り降りできない「駅」――信号場　136
ワケあって何度も改称を繰り返した駅　139
神田と苅田、仙台と川内――同音異字駅　143

おもな駅名索引　179

※本書は、日本加除出版刊『住民行政の窓』に連載された「日本全国 駅名めぐり」(二〇〇八年五月号~二〇一一年八月号)をもとに、大幅に加筆修正したオリジナルです。
※本書に掲載した地形図は、国土地理院およびその前身機関の発行したものを引用しました。倍率のないものは原寸です。

第1章

変わった駅名

京王電鉄競馬場線「府中競馬正門前」駅（東京都）

JR鶴見線「昭和」駅（神奈川県）

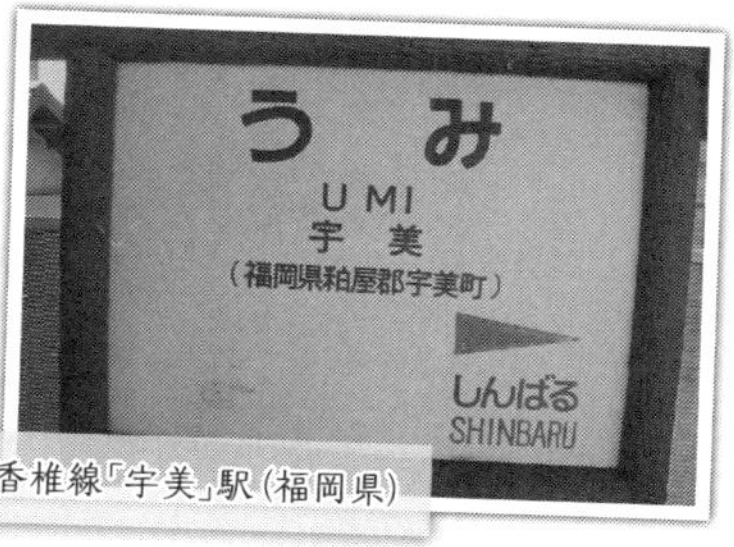

JR香椎線「宇美」駅（福岡県）

一畑電車北松江線「ルイス・C・ティファニー庭園美術館前」駅（2007年改称・島根県）

京浜急行大師線「鈴木町」駅（神奈川県）

長い長い駅名

「ルイス・C・ティファニー庭園美術館前」という日本一長い駅名が島根県の一畑《いちばた》電車にあった。点（ナカグロ）も含めて仮名で二四字（Cは一字で数えているが……）、ホームの駅名標にも「日本一長い駅名です」と明記してあった。もとはといえば古江《ふるえ》駅を平成一三年（二〇〇一）に改称したものであるが、同一九年三月限りで美術館が閉館したので駅名を変えざるを得なくなり、併設の庭園にちなんで「松江イングリッシュガーデン」駅に改称した。乗客誘致の効果が期待できる「前」駅ではあるが、駅名に用いた施設が改称したり、撤退した際に伴う弱点が表面化した例である。

この駅に首位を奪われて二位に甘んじていた鹿島臨海鉄道の「長者ヶ浜潮騒《しおさい》はまなす公園前」、それに二位タイの南阿蘇鉄道の「南阿蘇水《みず》の生まれる里白水《はくすい》高原」（二二字）が再びトップに返り咲いたということなのだが、とにかく見てわかるように「日本一長い駅名」を目指して意図的に駅名を決めたことがありありとわかる命名だ。とにかく「寿限無」ばりで全部言うのは何かと不便なので、私が以前に乗った時も「南阿蘇……」の場合は車内アナウンスでも単に「白水高原」と呼んでいたし、切符や運賃表も「白水高原」だった。

さて、長い駅名を意図的に作った第一号といえば「長者ヶ浜…」だろう。開業は平成二年

日本一長い駅名「南阿蘇水の生まれる里白水高原」。1:25,000「肥後吉田」平成10年部分修正

南阿蘇鉄道高森線「南阿蘇水の生まれる里白水高原」駅（熊本県）

（一九九〇）のことだが、今思えば「リゾート法・バブル・村おこし」の妙に浮かれた時代の空気を思い切り吸い込んだ駅名という印象がある（「南阿蘇…」は平成四年）。これにより昭和四九年（一九七四）以来長らく首位であったという札幌市電の「西線九条旭山公園通」（一〇字）は二文字抜かれてしまったわけだが、この電停は「西線九条」が「旭山公園通」と改称された翌年（昭和四九年）に住民などの要望で元の「西線九条」を付け加えたものなので、日本一を目指すような意図はなかったはずだ（現在も路面電車では最長らしい）。

ずいぶん前の話になるが、昭和四八年（一九七三）まで日本一長い駅名といえば「東京競馬場前」とされていた（同年に武蔵野線開業に伴って廃止）。あくまで国鉄駅の中であるが、これは当時よく流布していたので耳にされた方も多いだろう。それでも仮名でたったの一三字であった。私鉄を含めればすぐ近くの京王電鉄競馬場線に「府中競馬正門前」（現存）もあるが、同じく一三字である。

札幌の例に限らず、路面電車の停留場名は長くなりがちなのだが、すでに廃止されたものを調べてみると、結構長いものが見つかる。たとえば仙台市電には昭和三〇年代から四〇年代前半にかけて、次のようなものがあった。

まずは「東一番丁仙台郵便局前」。これが現在トップの「長者ヶ浜…」「南阿蘇…」を抜く二三字であるが、「片平丁検察庁家庭裁判所前」は二五字、最長の「大町一丁目西公園市立天文台前」になると二七字であった。しかもこの二五字と二七字は隣り合っており、他にも「レジャーセンター中央警察署前」「長町南町宮城第二病院前」「総合グランド宮城野中学校前」など二〇字超えの電停が珍しくなかったのである。

バス停は全国津々浦々に分布してあまりに多いせいか、「最も長い名前のバス停」はあまり聞かないが、想像しただけでもかなり長いものが活躍中だろう。ネットで検索してみると、日本一長いバス停名を探している奇特な人もいるようで、ウィキペディアには「産総研つくば東事業所つくば研究支援センター入口」という茨城県つくば市内の停留所がご丁寧にも独立した項目として立てられている。こちらは仮名で三七文字だが、以前は「産技総合研筑波東事業所つくば研究支援センター入口」で四〇字だった。平成二六年（二〇一四）に現在のように短縮された後、鳥取県境港市の「境港《みなと》水産物直売センター・境港港湾合同庁舎」（ナカグロ含めずに四〇字）に抜かれたのだが、同二八年には茨城県行方市に「レイクエコー・白浜少年自然の家・なめがたファーマーズヴィレッジ中央」の四一字が記録更新し、最長駅名の「長者ヶ浜……」ともども茨城県の「トップ独占」が実現している。

日本一短い駅名がもうひとつあった

日本で一番短い駅名が「津」であることは誰もが知っている。ついでながら日本で最も短い市町村名も津市だ。「漢字一字」なら萩市や柏市など多数あるが、読みで一字はここだけである。かつては熊本県天草郡に阿《あ》村が、広島県沼隈《ぬまくま》郡神《か》村、島根県簸《ひ》川《かわ》郡久《く》村などが存在した。

津駅は明治二四年（一八九一）の開業以来ずっと最短の座を占めているのかと思い込んでいたが、最近になって岐阜県の神岡鉱山（現飛騨市）から高山本線の猪谷《いのたに》駅を結んでいた三井金属鉱業の神岡軌道（昭和四二年廃止。最近廃止された神岡鉄道とは異なる）に「土《ど》」という駅があったことを知った。しかも津駅が

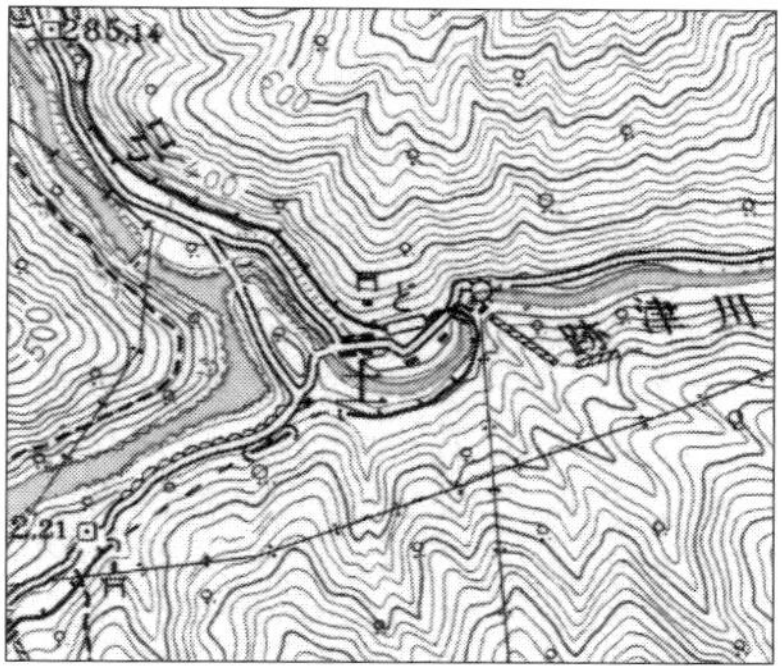

今はなき神岡軌道の土（ど）駅。
1:50,000「東茂住」昭和34年修正

ローマ字でTSUの三文字であるのに対し、土駅はDOと二文字。山の中の集落の地名だが、かつては吉城《よしき》郡の土村《どむら》と称していた。それが明治の町村制以降は村が外れて大字「土」になったのである。そういえば流山市には加《か》、木《き》という大字がある。流山市加、木などと表記し、珍地名の印象があるが、かつては東葛飾郡の加村と木村だったわけで、そうであれば珍しくもなんともないのだが。

国鉄時代からヘボン式ローマ字が使われている駅名では、「つ」がTSU、「し」がSHIなどと表記されるため、ローマ字なら津より短い駅名はいくつかある。たとえば山陰本線の飯井《いい》駅。山口県萩市西端の小さな入江を見下ろす場所にあるが、これなどIIと書かれるので、駅名標を見ると二つのIの間が離れていることもあり、とても字に見えない。ひらがなの「い」の字の下にそれぞれIが配されているため、一見すると「いー」「いー」に読める。えちごトキめき鉄道日本海ひすいライン（旧北陸本線）には能生《のう》駅があるが（糸魚川市）、ローマ字だとNO（実際にはOの上に音引きのーあり）なのでつい写真を撮りたくなる。えちごトキめき鉄道（この鉄道名は何とかならないのか……）になって駅名標のNOの字がさらに小さくなったのは残念だ。

難読駅では鹿児島県の指宿枕崎線・頴娃《えい》駅。こちらもローマ字ならEIと二字。日本では一音節の地名が二字で表わされる例が多い。これは八世紀に国・郡・郷などの名は「良い字二文字で表わせ」という八世紀の命令により多数の地名に「引き延ばし工作」が施された影響が強

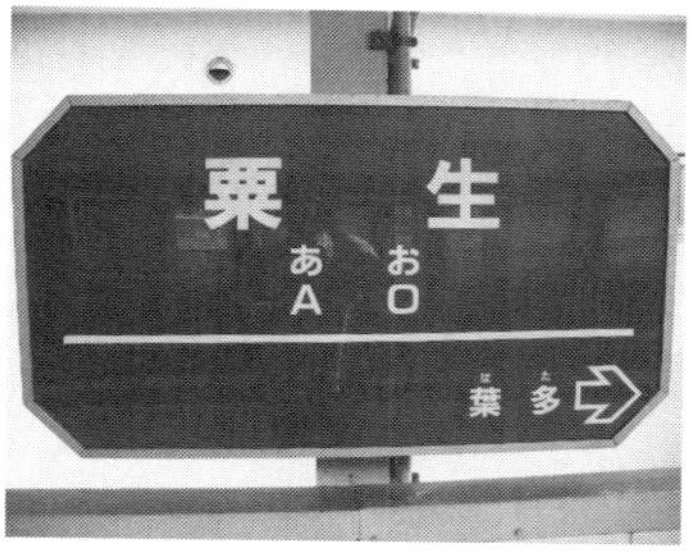

神戸電鉄粟生線「粟生」駅（兵庫県）

JR 山陽本線・宇部線「宇部」駅（山口県）

い。紀伊国もかつては「木国《きのくに》」であったのが好字二字化で紀伊に変わったとされている。逆に无邪志《むさし》→武蔵のように三文字の地名が二字に短縮された例もあるが。

ひらがなで四文字あるのにローマ字でも同じ四文字という珍しい駅もある。山陽新幹線も停まる相生駅であるが、要するに全部母音なのである。この相生《あいおい》市は全国の一、七一八（平成三〇年五月現在）に及ぶ市町村を五〇音で並べて最初に来る自治体だが（最後は埼玉県蕨《わらび》市）、昭和一四年（一九三九）までは相生《おう》町と称した。駅名の旧訓がもし「おう」であればローマ字表記がOで最短駅名だったはずだが、残念ながら駅名の旧称は昭和一七年まで旧地名のひとつである那波《なば》であった。

ローマ字三字の駅名は結構多く、山陰本線には難読駅の揖屋《いや》駅（島根県松江市）。「いや、いやでございます」のアナウンスが聞きたくて各駅停車に乗る物好きがいるかもしれない。他にもローマ字三字なら宇部《うべ》（山陽本線）、有珠《うす》（室蘭本線）、江尾《えび》（伯備線）、恵那《えな》（中央本線）、男鹿《おが》（男鹿線）、日宇《ひう》（佐世保線）、八尾《やお》（関西本線）などいくらでもある。

JR 男鹿線「男鹿」駅（秋田県）

福井県小浜市はアメリカの大統領候補にオバマさんが浮上して以来注目されたが、大分県の宇佐駅はローマ字表記ならズバリUSA。伯備線の根雨《ねう》駅はローマ字表記でNEU、ドイツ語なら「新しい」の意味になる（ノイと発音）。そういえば筆者が音楽雑誌の編集者だった頃、アメリカのビビ・ブラックという女性トランペット奏者を取材したことがあり、「あなたの名前と同じ駅（千歳線美々駅）が北海道にありますよ」と話したら、ほとんど関心を示してくれなかったことを思い出した。周辺の住民にもほとんど必要とされなかったようで、乗車人数は「一日一人以下」とビビたるもの。そんな状態がしばらく続いた後の平成二九年（二〇一七）三月に旅客扱いをやめ、信号場になってしまった。

最後に漢字の字数よりひらがなの方が少ないという珍しい駅がある。阪和線の百舌鳥《もず》駅。地名としては古代からの由緒あるもので、『日本書紀』に仁徳天皇が百舌鳥野に遊猟した旨記述がある。さえずる声が多種多様なので百舌の字が与えられたそうだ。大阪府の「府鳥」であるが、なんとなく納得できるかも。

豊田市、新日鉄前、そしてキリン——企業名の駅

日本を代表する自動車メーカーであるトヨタ。本社は愛知県豊田市トヨタ町一番地にある。豊田市にあるからトヨタ自動車だと思っている人が多いようだが、豊田市は半世紀以上も前の昭和三四年（一九五九）一月一日、挙母《ころも》市から名称を変更した。挙母は奈良時代から記録に見られる千年を超す地名なのだが、トヨタ自動車の本社が存在する典型的な「企業城下町」のゆえか、そんな歴史地名も簡単に吹き飛ばしてしまったのである。名古屋鉄道三河線の駅名も、その年の一〇月一日に**挙母**駅から**豊田市**駅と改められた。

市町村名が企業名を採用したのはさすがに少数だが、有力企業の工場や店舗の近くにその会社名を名乗る駅を設置した例は多い。当然ながら「前」のつく駅名が目立つが、名古屋鉄道常滑《とこなめ》線には**新日鉄前**（東海市）がある。新日鐵住金名古屋製鉄所の最寄り駅だが、**東海製鉄前**↓**富士製鉄前**↓**新日鉄前**と、会社の変遷に合わせて駅名も改称が行われた。ただ平成二四年（二〇一二）に住友金属工業と合併した後は変わっていない。ちなみに東海市という市名も旧東海製鉄にちなむのだが、さすがに市名は会社名と一緒に変えるわけにはいかなかったようだ。駅と製鉄所の所在地はどちらも東海市東海町である。

このように社名変更で駅名改称を迫られる例は少なくない。戦前に東海道本線の吉原駅から

岳南電車「ジヤトコ前」駅（静岡県）

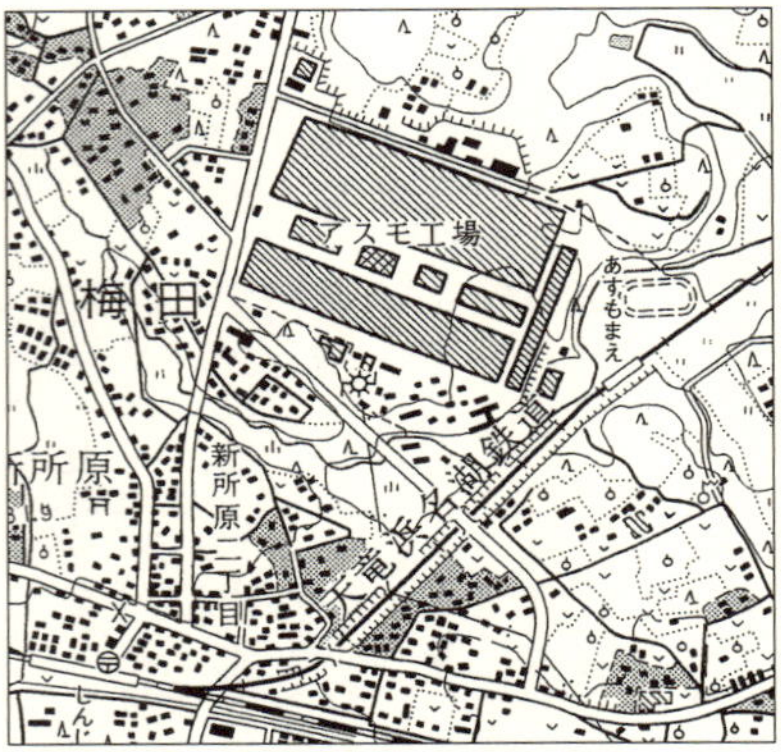

1:25,000「二川」平成９年部分修正

伸びる日産自動車の工場専用線がルーツとなった岳南《がくなん》電車にも、長らく**日産前**という駅があったが、現在は日産グループの変速機メーカーであるジヤトコの工場となり、駅も平成一七年に**ジヤトコ前**と改称された。同じく自動車部品会社では天竜浜名湖鉄道の**アスモ前**（昭和六二年開業）がある。

滋賀県を走る近江鉄道には「会社駅」が三つもある。**京セラ前**（東近江市）と**フジテック前**（彦根市）は会社名そのままだが、**スクリーン**（同）は「前」も付かず珍しい。下りの新幹線が米原駅を出て間もなく右手に見えるフジテックのエレベータ研究塔あたりがフジテック前（駅は左手）、その少し先で左手に見えるＳＣＲＥＥＮホールディングス（旧大日本スクリーン製造）の工場前にあるのがスクリーン。これらはいずれも平成になってからの新駅だが、近江鉄道に限らず、利用者減の続く地方私鉄の増収策として、また企業側としてはCO_2削減の取り組みのひとつとして鉄道利用を促進すべく設置する例もあるようだ。

伊予鉄道城北線「赤十字病院前」停留場（愛媛県）

西武鉄道西武園線「西武園」駅（東京都）

終点が会社名だと、その宣伝効果は抜群となるが、函館市電の函館どつく前（函館どつく株式会社。「つ」は大文字だがドックと読む）は、明治二九年（一八九六）創業の歴史ある造船会社（当時は函館船渠株式会社）を前面に掲げて函館の町を走り回っている。停留場も弁天から昭和四〇年（一九六五）に函館ドック前に改称、その後は社名の「函館どつく」への変更に伴って現在に至った。

かつて東急田園都市線も、半蔵門線が三越前駅まで部分開業していた平成元年（一九八九）一月から翌年一一月にかけて、自社の東急百貨店（その後閉店）ならぬライバル会社の名を、おそらく不本意ながら掲げて走っていた。その点東武鉄道は賢い。単なる途中駅でなく、伊勢崎線と日光線の分岐点である杉戸駅の近くに動物園を作り、東武動物公園と改称したことで、大いなる宣伝効果を上げたことだろう。

集客効果を狙ったのではない「自社広告」のような駅名もある。広島電鉄の路面電車にある広電《ひろでん》本社前、それに富山地方鉄道市内電車の地鉄ビル前、とさでん交通のデンテツターミナルビル、それに島原鉄道（長崎県）の島鉄《しまてつ》本社前である。

かつては小田急にも小田急本社前という駅が存在したが、戦時中の陸運統合政策によって昭和一七年（一九四二）に東京急行電鉄小田原線となった際に、さすがにその駅名を続けられず、南新宿と改称された。駅名に反して所在地は渋谷区の代々木なので、実態からすれば「小田急代々木」の方が適切かもしれない。

戦時中といえば京浜急行（当時は同じく東急）にも生麦～新子安（現京急新子安）間にキリンビール前という駅があったが、昭和一九年（一九四四）になぜか「キリン」に改められている。「この非常時にビールを飲んでいる場合か」という時代の空気を読んだのかもしれない。国民生活を締め付けていた当局への忖度か。キリン駅は戦争中に休止となり、残念ながら戦後に復活することはなかった。もちろんビール工場は今も健在で、併設の横浜ビアビレッジではここのオリジナルビールも飲める。ちなみに工場所在地の生麦という地名は「生麦事件」でも知られるように歴史的地名で、出来過ぎてはいるが、ビールの原料とは関係なく、会社が後である。

浅野・安善・鈴木町――京浜工業地帯は人名駅の宝庫

ＪＲ鶴見線は京浜工業地帯のまっただ中を走る。トラック輸送が主流になった今でこそ専用線・引込線の数は激減したが、かつては駅ごとに「無数の」と表現したくなるほど多くの線路が各工場へ引き込まれていたものだ。鶴見線の駅名は、明治末から本格的になった埋立地の新地名が多いが、これらの地名は埋め立てに関わった人、そしてそこに立地した企業に由来するものが目立つ。鶴見駅の方から順に挙げてみよう。

京浜国道に由来する国道駅の次の駅が**鶴見小野**。ここは江戸末期から明治にかけて小野高義・鱗之助親子が埋め立てた小野新田がその後橘樹《たちばな》郡町田村、潮田《うしおだ》町を経て鶴見町の大字小野となり、現在の小野町に至っている。駅名に「鶴見」が冠せられたのは中央本線に小野駅（長野県）がすでにあったためだろう。

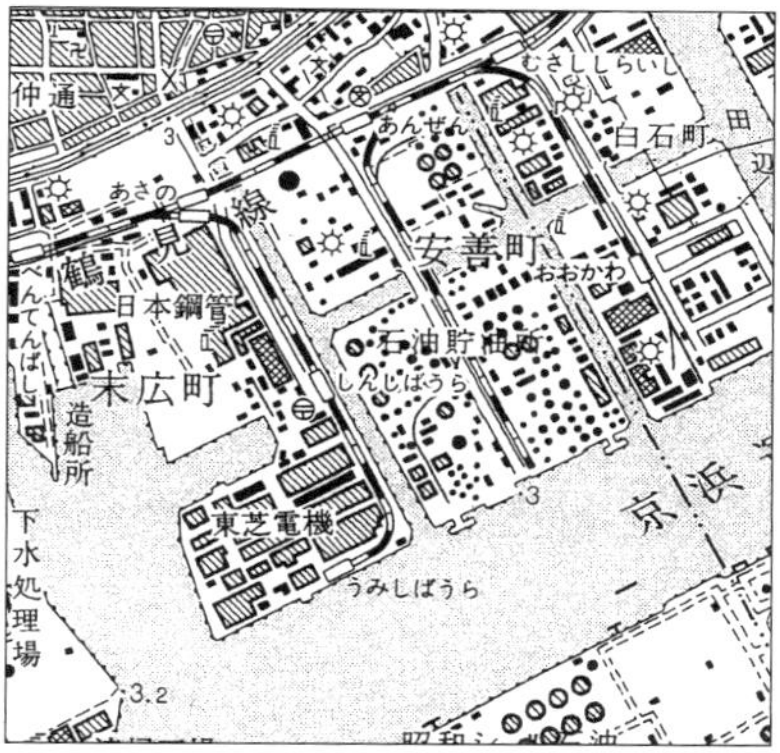

1:50,000「横浜」平成12年修正

JR鶴見線「浅野」駅（神奈川県）

浅野駅は有名だ。「京浜工業地帯の生みの親」と称される浅野総一郎である。彼は鶴見埋立組合（後に鶴見埋築株式会社）を設立し、大正の初めから川崎～横浜間の遠浅の海岸に工場用地として広大な埋立地を造成、それぞれの人工島の間には輸送の便のために縦横に運河を設けた。浅野セメント

JR 鶴見線「安善」駅（神奈川県）

（現太平洋セメント）の創業者でもあり、田島村（現川崎市川崎区浅野町）の浜辺に大正六年（一九一七）に巨大なセメント工場を作った。浜川崎駅はこのセメント工場のために設けられた川崎駅からの貨物支線の終点がルーツである。ここの土地は開発途中の新田で、当時は開発者の名をとって青木新田と呼ばれていたが、造成途中で浅野総一郎が工場用地として買収、その後昭和一三年（一九三八）に工場所在地の正式名称が大字大島新開地から浅野町に改称された。

浅野駅の所在地は浅野町ではなく末広町と称するが、総一郎は鶴見線の前身である鶴見臨港鉄道の創業者でもあり、その関係である。所在地の末広町も浅野家の末広の扇の家紋に由来するし、セメント工場の南に隣接する扇島の鶴見線の終点・**扇町**駅の名も由来は同じだ。

さて終点まで行ってしまったので戻るが、浅野駅の次は**安善**《あんぜん》駅。こちらは安田財閥の創始者・安田善次郎の短縮形である。彼は東京大学に安田講堂を寄贈したことで知られているが、鶴見では駅に名を残した。浅野総一郎の埋め立てプロジェクトに安田が資金調達した功績によるものである。次の**武蔵白石**《しらいし》も人名駅だ。やはり鶴見の埋め立てに出資した日本鋼管（現ＪＦＥエンジニアリング）の創業者である白石元治郎の名を記念したもので、大正一五年（一九二

JR 鶴見線「大川」駅（神奈川県）

JR 鶴見線「武蔵白石」駅（神奈川県）

六）に田辺新田地先の埋立地が白石町と命名された。駅の開業は昭和六年だが、**鶴見小野**駅と同様、東北本線に白石《しろいし》駅（宮城県）がすでにあったため武蔵を冠している。

この駅からは鶴見線の大川支線が南下しているが（現在の大川行きの電車は**安善**駅から武蔵白石のすぐ脇を通って大川へ向かう）、白石運河を渡った先にある終点の**大川**駅もやはり人名由来。大川平三郎は渋沢栄一の甥で、紙漉きの職工から身を立てて王子製紙の専務に上りつめ、日本の製紙業に大きな貢献をした人である。大川町も白石町と同じ大正一五年に命名された町名だ。

この狭いエリアの中を紹介しただけでこれほど鶴見線は人名駅が多いが、近くを走る京浜急行大師線にも人名駅がある。まずは京急川崎駅から二つ目の**鈴木町**《すずきちょう》。改札を出ると目の前が味の素川崎工場だが、昭和一九年（一九四四）までは「**味の素前**」という駅だった。味の素は明治四一年（一九〇八）に池田菊苗博士が「うま味調味料」グルタミン酸ナトリウムの製造法特許を取得、これを商品化したのが鈴木三郎助（明治四五年に鈴木商店）であった。鈴木町はこれにちなんで昭和一二年（一九三七）に命名されている。

この大師線の終点は小島新田だが、こちらの地名は現存せず、駅の少し東の埋立地に小島町という町名がある。今でこそ町域の大半が日本冶金《やきん》工業の工場で占められているが、かつては多摩川河口に面した芦原で、江戸後期に新田開発した稲荷新田の名主・小島六郎左衛門の名にちなむものだ。対岸は羽田の漁村で、多摩川のもたらす養分のため良い漁場だったそうだが、今は魚鱗ならぬジュラルミンの胴体が数分おきに上空できらめいている。

知らなければ読めない駅名1

福岡県の鹿児島本線に雑餉隈《ざっしょのくま》という駅があった。歴史ある地名にちなむ駅名だが、これは知っている人でなければ読めないだろう。『角川日本地名大辞典』によれば「地名の雑餉は雑掌（中世の荘官）のことで、隈は曲がり角を指すので、御笠《みかさ》川の蛇行を意味すると思われる」とある。隈の字を漢和辞典で引くと「水が岸に曲がり入っている所」などとあるから、まさにその通りの字を使ったようだ。クマといえば、千曲《ちくま》川とか球磨《くま》川などのクマの読みをもつ川も曲流に由来するのかもしれない。

昭和三六年（一九六一）に鹿児島本線の門司港〜久留米間が電化された際、南福岡電車区が雑餉隈駅の隣に作られたため「雑餉隈行」の電車が何本も登場した。しかし慣れない乗客にとってはさっぱり読み方がわからず、またその駅が博多の手前か先なのかもわからず不便だとの声が出て、昭和四一年（一九六六）には電車区と同じ南福岡に改称したという。ちなみに西鉄天神大牟田線の方には雑餉隈駅が現存する。なるほどこちらの路線は西鉄福岡（天神）駅が起点なので、福岡のどちら側か悩む必要もない。

日本には鉄道の駅が約一万ほどあるが、そもそも日本の地名は当て字が多いので、時に難読が生じるのは必然でもある。たまに有名になりすぎて「難読」でなくなっているものもあるが、何をもって難読とするかは難問だ。昔は当たり前の読み方だったのが現代社会では使われなくなったものや、地方の普通名詞が地名に用いられたものであっても、現代人や他の地方の人から見れば難読になり得るからである。

名古屋鉄道三河線「猿投（さなげ）」駅（愛知県）

たとえば難読駅としてよく取り上げられる山陰本線の特牛《こっとい》駅。山口県の西海岸にある小さな港町の名であるが、『広辞苑』を引くとこれがちゃんと載っている。「コトイの転」とあり、「ことい」を引けば【特牛】（コト（殊）オヒ（負）の約かという）「こといのうし」「ことい うし」の略、としており、「こといのうし」は「重荷を負う牡牛。強健な牡牛」である。牛に荷を負わせる場面が現在ではほとんど見られなくなったため死語となり、難読化したのだろう。

新潟県柏崎市にある越後線礼拝《らいはい》駅も今となっては難読だ。こちらは二田物部《ふただもののべ》神社礼拝所にちなむと伝えられる地名で、もとは神を拝む方なのだが、近年では礼拝の言葉が「れいはい」と読んでキリスト教関係で使われる方が多い印象だ。

長崎県には大村線に南風崎《はえのさき》駅がある。この駅は終戦後に大陸からの引揚船が着く港として知られたが、この南風も『広辞苑』に載っている。「みなみかぜ。おもに中国・四国・九州地方でいう〈日葡〉」とある。江戸初期の日葡《にっぽ》辞書（一六〇三〜〇四年に刊行）にもある古くからの言葉らしい。

方言を反映したがゆえに難読となった駅名の代表例を挙げれば、北陸本線の動橋《いぶりはし》だろうか。加賀市内の駅だが、こちらは古く振橋、震橋とも表記されたように、イブルとは方言で「揺する」「揺り動かす」を意味するので、それに字を当てたまでのことだが、他の地方の人にはまったく難読になってしまったのである。山口県の梅《うめ》ケ《が》峠《とう》駅も難読だ。このあたりでは峠をトウと呼ぶが、中国地方では他にタワ、タオも用いられ、たとえば伯備線が分水界を越える岡山・鳥取の県境にあるのは谷田峠《たんだだわ》。こちらは峠の字をタワと読ませているが、特に岡山県では安《やす》ケ《が》乢《たわ》、休乢《やすみだわ》など、乢という特殊な文字も使われている。なお、この字の旁《つくり》は「曲がる」を意味しており、峠が山並みの低く撓《たわ》んだ所（まさにタワの語源）にあることを考えればこの形

名鉄名古屋本線「二ツ杁」駅（愛知県）

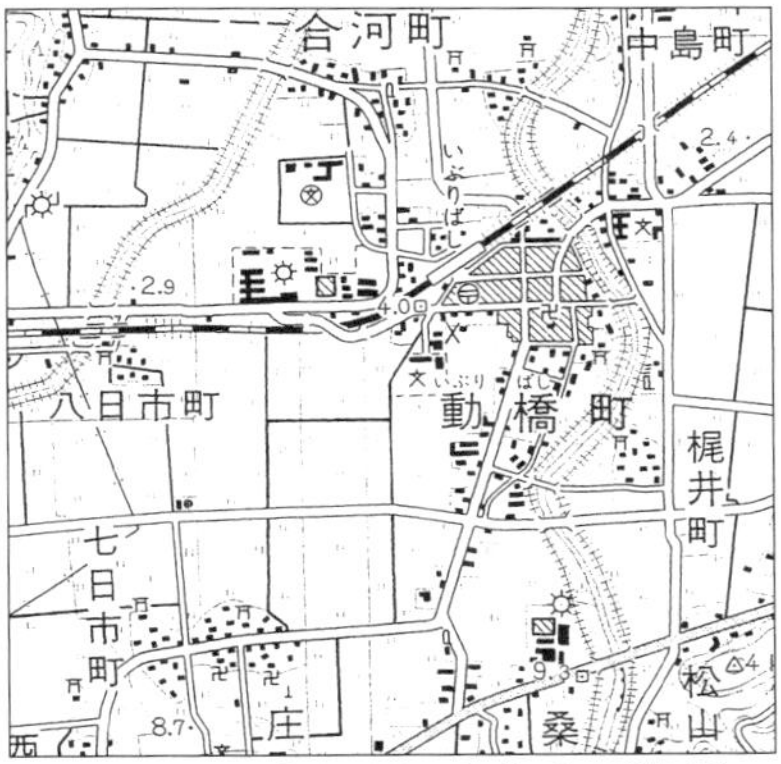

1:50,000「大聖寺」平成２年修正（動橋駅）

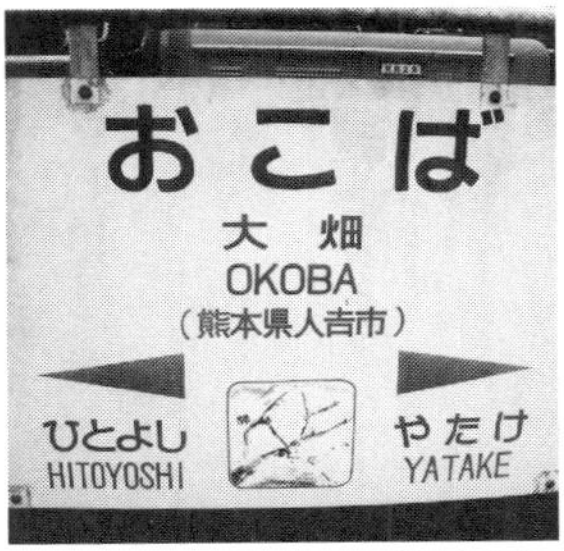

JR 肥薩線「大畑」駅（熊本県）

は納得できる。

　地方特有の字としては名古屋鉄道名古屋本線にある二ツ杁《ふたついり》駅（愛知県清須市）と、リニモ（愛知高速交通東部丘陵線）の杁《いり》ケ池公園駅（愛知県長久手《ながくて》市）に用いられる杁の字。これはまず愛知県以外ではほぼお目にかかれない字であるが、『新潮日本語漢字辞典』によれば、「川の水量を調節する水門。多く愛知県一帯の地名に用いられる」とある。試しに二万五千分の一地形図の地名をすべて網羅している国土地理院の「地理院地図」で検索しても、地名はすべて愛知県であった。それほど珍しい字であるからか、名古屋市営地下鉄鶴舞線では昭和区の杁中に駅を作った際に「いりなか」と平仮名表記にしている。

　九州の肥薩線大畑《おこば》駅も難読で有名であるが、コバが九州で「焼畑」を意味するので、コバのつく地名そのものは数多い。しかしその大半は鹿児島本線の木場茶屋《こばんちゃや》駅のように木場または古場、小場の字が当てられており、畑の字は大変珍しい。**大畑駅**はコバという音に字を当てるのではなく、「意訳」したために難読になった例である。ついでながら、畑の字は中国伝来の漢字ではなく、日本で作られた「国字」だ。木や草を焼き払って作物を植える火田《かでん》を一字にまとめたので、かつてハタケといえば焼畑が当たり前であったことを物語っている。

知らなければ読めない駅名２

神戸駅を「難読」とは言わない。しかし有名な国際貿易港の「こうべ」ではなく、群馬県の渡良瀬川に面した小さな集落の名の神戸が「ごうど」と読むのであれば難読かもしれない。わたらせ渓谷鐵道の駅であるが、他にも**伊賀神戸**（三重県）という駅が近鉄にある。こちらは「かんべ」。

全国各地に点在する神戸という地名の読みは「ごうど」または「かんべ」が多く、参考までに『角川日本地名大辞典』によれば「ごうど」が群馬県みどり市など一四か所（他に濁らない「こうど」が和歌山県紀の川市の一か所）、「かんべ」が千葉県館山市など九か所、「かんど」が鳥取市など二か所、この短縮形と思われる「かど」が鳥取県日南《にちなん》町にあり、「かのと」が東京都檜原《ひのはら》村、「じんご」と読むのが岡山県津山市にあり、「こうべ」はかの政令指定都市一か所だけであった。

「こうべ」はそれほど少数派の読み方なのであるが、とにかくこれだけ有名になってしまったため、逆に最も多い「ごうど」の方が難読駅扱いにされている。いずれにせよ、神戸の地名は神社を維持するためその神社に附属する民戸に由来している。群馬県の神戸も同様らしいが、大正元年（一九一二）に開業した足尾鉄道から国鉄足尾線時代を通じてずっと「神土《ごうど》」と表記していた。これは有名な「こうべ」につられて誤読しないための措置で、地元の地名は軽視され、戸の字を土に変えさせられたのである。地元の地名に合わせて神戸に改められたのは、開業から七七年も経った平成元年（一九八九）のことであった。

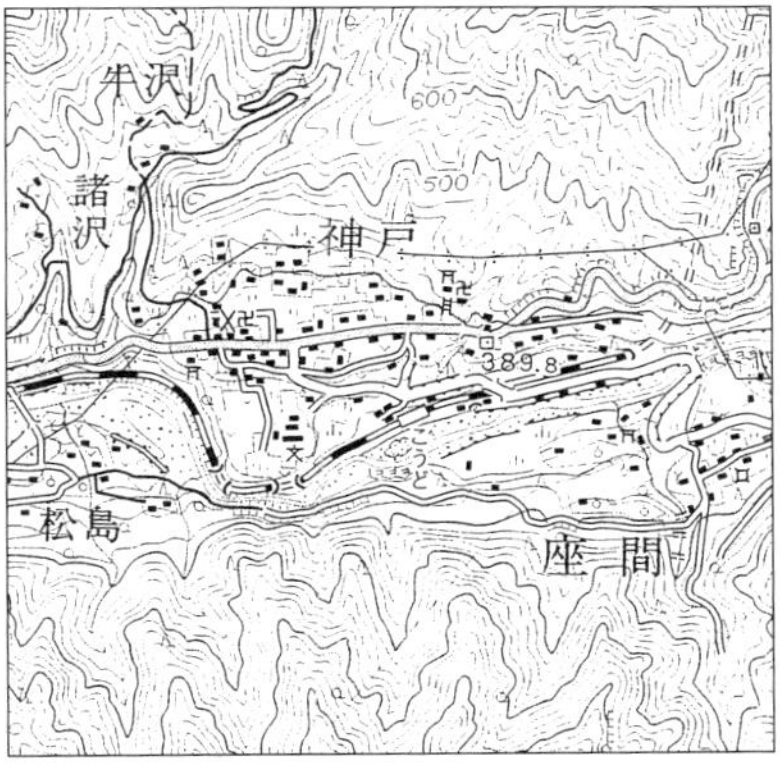

1:50,000「足尾」昭和 63 年修正
国鉄時代は「神土」と表記した。

神戸のような職名由来の地名は全国に数多い。たとえば因美《いんび》線の土師《はじ》駅（鳥取県智頭《ちず》町）もそうだ。これは古代氏族の名であり、読んで字の如く埴輪や古墳を作る人にちなむ地名である。他にも氏族名は多く地名になっており、智頭町が所属する県名の鳥取という地名も、鳥を捕えて朝廷に献上する人たち、鳥取部《とりべ》からきている。

JR 木次線「木次」駅（島根県）

京阪電気鉄道宇治線「黄檗」駅（京都府）

有名な部民といえば服部《はっとり》も機〔秦〕織部（はたおりべ↓はっとり）が知られているが、これは服部さんの名字が全国的に多いので難読にならずに済んでいるようだ。ちなみに服部という地名は全国各地にあるが、駅では大阪府豊中市の阪急宝塚線および岡山県のJR吉備線の二か所である。ついでながら岡山県にはこの種の駅が目立ち、姫新線の刑部《おさかべ》駅（新見市）、津山線の建部《たけべ》（岡山市）、弓作りを担当した弓削部の住んだ津山線の弓削《ゆげ》（久米南町）などがある。赤穂《あこう》線伊部《いんべ》（備前市）は忌部《いんべ》に由来するそうで、古代朝廷で祭祀を担った氏族であった。

一見難読だが、昔の大和言葉で読めば読めるかもしれない駅名を挙げてみよう。岐阜県の高山本線には坂祝《さかほぎ》という駅があるが、「祝」という字は古くは「ほぐ」という動詞として用いられたが、今では「寿《ことほ》ぐ（言祝ぐ）」という使い方にかろうじて残る程度なので、難読地名の仲間入りしてしまった。ただしこの地名は明治二二年（一八八九）の町村制で七村が合併して誕生した坂祝村にちなむもので、地名ではなく坂祝神社の名を拝借したものである。千葉県の小湊鐵道の飯給《いたぶ》駅も古風であるが、飯《いい》を給《たま》う（古語で「給《た》ぶ」）という字だ。もちろん地名は飯を給わるのとは似ても似つかない当て字なのかもしれないが。

長崎本線には現川《うつつがわ》駅というのもあるが、これも「夢かウツツか」「ウツツをぬかす」の「現」である。残念ながら地名の由来はわからない。かつて島根県・石見《いわみ》銀山の積出港として栄えたのは温泉津であるが、これは「ゆのつ」で、山陰本線の駅名である。温泉で「ゆ」と読ませるのは珍しいが、愛媛県には温泉《おんせん》郡という郡が最近まで存在したが、これもかつては「ゆのこおり」と読んだ。これも古代以来の「好字二字」を守ったためだろう。

佐賀県の唐津線には厳木《きゅうらぎ》駅。この地名は楠の大木「清ら木」に由来するとされるが、この種類の地名は他にもあり、熊本県上天草市の教良木《きょうらぎ》という地名も、やはり特別に神聖視された「清ら木」が由来とする説がある。厳木の場合は「清ら」の意味として厳の字を当て、教良木は「きょうらぎ」という音に漢字を当てはめたということだ。これが石だと山梨県北杜《ほくと》市の教来石《きょうらいし》。つまり「清ら石」である。

JR左沢線「左沢」駅（山形県）

東葉高速鉄道「飯山満」駅（千葉県）

知らなければ読めない駅名3

私は以前、東京都日野市の「上田」に住んでいた。そこへ越して来るまでは長野県の城下町と同じように「うえだ」と思い込んでいたので、これが「かみだ」であることを知って驚いたものだ。なるほど近くには「下田」という地名（平成一六年に消滅）があって納得したが、上田という地名を『角川日本地名大辞典』で引いてみると、なるほど「うえだ」は全国に数多いが、富山県氷見《ひみ》市には「うわだ」があり、兵庫県南あわじ市は「こうだ」。東京都大田区蒲田の近くには「じょうでん」もバス停に残っており、こうなると一種の難読地名かもしれない。これは日本の地名の宿命で、読み方が一通りしか存在しない事例はむしろ少数派だろう。

さて、このような一見して簡単に読めるけれど実は難読という駅名を探してみると、千葉県を走るJR成田線の木下駅あたりが筆頭かもしれない。「きおろし」とはなかなか読めない。「きのした」と読む駅は飯田線（長野県箕輪町）にあるが、こちらは木ノ下の表記だ。駅名以外の木下では愛知県岡崎市東部が「きくだし」、秋田県横手市のは「きじた」、三重県亀山市では「このした」など、こちらも実に多様な読み方が揃っている。

山陰本線の石原《いさ》駅（福知山市）も自信を持って間違えそうだ。昔は天田《あまだ》郡石原《いさ》村といったが、隣の現綾部市には石原《いしわら》がある。こちらは旧何鹿《いかるが》郡石原村。郡違いではあるが数キロしか離れて

JR 予讃線「鬼無」駅（香川県）

三陸鉄道南リアス線「盛」駅（岩手県）

おらず、不便はなかったのだろうか。ちなみに石原町《いしはらまち》という駅が九州の日田彦山線《ひたひこさん》（北九州市小倉南区）にあるが、こちらは明治三七年（一九〇四）開業の山陰本線の石原駅より新しい大正四年（一九一五）開業なので区別のために「町」を付けたらしい。

その日田彦山線《ひたひこさん》の終点は久大本線と接続する夜明《よあけ》駅である。同駅と日田駅との間にあるのが光岡《てるおか》駅。「夜明」の次が「光」岡、その次が「日」田というのもなかなか絶妙な配列であるが、この光岡もふつうに読めば「みつおか」だろう。駅の旧所在地は光岡《てるおか》村で、こちらは明治二二年（一八八九）に合併で誕生した新村名だ。日隈山《ひのくまやま》、月隈《つきくま》山、星隈《ほしくま》山という小さな３つの「光にちなむ岡」に囲まれている、というのが由来という。

誰もが確信をもって間違えそうな駅名をさらに挙げてみれば、阪神電鉄本線の青木《おうぎ》駅（兵庫県尼崎市）、和歌山線の笠田《かせだ》駅（和歌山県かつらぎ町）、同じ線の布施屋《ほしゃ》、高山本線の古井《こび》駅（岐阜県美濃加茂市）などが横綱級だろう。

さらに難問は養老鉄道の美濃青柳《やなぎ》駅（岐阜県大垣市）。誰も

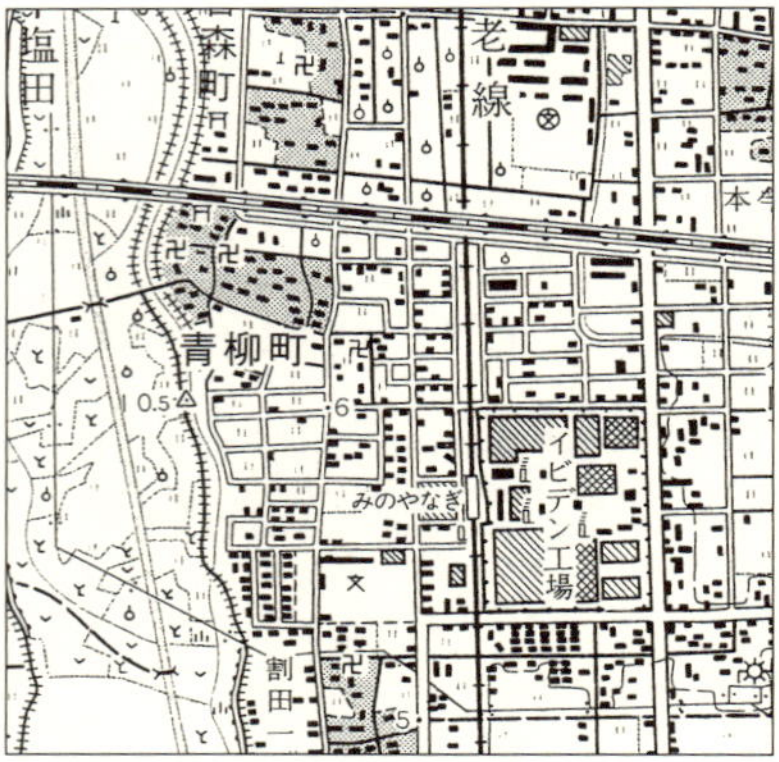

1:25,000「大垣」平成６年修正

が「みのあおやぎ」と思うが、青柳の二文字で「やなぎ」という変わり種だ。古代からの日本の地名の伝統である「二字好字」——たとえば和泉と書いて「いずみ」と読む類の影響だろうか。しかも駅の所在地は大垣市青柳町《あおやなぎ》である。なぜ食い違っているのかはわからない。阪堺電気軌道には堺市内に高須神社駅というのがあるが、これも古い読み方の「じんしゃ」がさりげなく使ってあるところが難物だ。

　同字で異訓の駅は結構ある。三種類なのが柏原駅。すべて関西の旧国鉄時代からの駅というのが意外だが、東海道本線の関ケ原駅の隣に位置する「かしわばら」、奈良県柏原市の関西本線にある「かしわら」、そして丹波市の福知山線「かいばら」。三田駅は東京の慶應義塾大学の最寄り駅なら「みた」、兵庫県は「さんだ」であり、三郷駅も埼玉県の武蔵野線は「みさと」で、関西本線の大和川に面した方が「さんごう」である。どちらも合併で3つの村が合併したことにちなむが、奈良県の方は三郷《みさと》村が町制施行した際に三郷《さんごう》町と音読みに変えたものだ。有名なのは日本橋駅で、東京では「にほんばし」だが大阪では「にっぽんばし」。

　最後は兵庫県内に二つある「余部」。姫新《きしん》線の方はこれを「よべ」と読み、駅の開業は昭和

JR 山陰本線「餘部」駅（兵庫県）

五年（一九三〇）。有名な山陰本線の余部《あまるべ》橋梁は明治末に開業済みだったが、その橋の西詰に餘部《あまるべ》駅が開業したのは比較的新しく、戦後の昭和三四年（一九五九）のことであった。同じ県内に同じ「余部駅」があっては混乱の元ということもあり、戦後の生まれなのに山陰本線の方は「餘部」と旧字を用いている。しかし所在地は余部《あまるべ》（兵庫県城崎《きのさき》郡香美町香住《かすみ》区余部）であり、橋梁も「余部橋梁」が正式なので実にややこしい。

さらに複雑な話をすれば、姫新線余部《よべ》駅のある姫路市域に「余部」と称する村は二つあった。ひとつは余部《よべ》駅のある飾西《しきさい》郡余部《よべ》村で、もう一つが揖保《いぼ》郡余部《あまるべ》村。後者は海側に位置して現在「姫路市余部区」を名乗っているが、前者は駅名だけ現存しているものの、合併で姫路市に編入されて以降は余部の地名はない。ちなみに余部（余戸）とは古代に五〇戸ごとに里（郷）を編成した際に五〇戸に満たない集落を意味した。

藤の牛島・のの岳・つきのわ——謎めいた駅

鉄道路線図を眺めていると、ちょっと気になる「謎めいた駅名」があちこちに分布している。

地元の人にとっては慣れて何とも思わないだろうが、そんな駅を取り上げてみよう。

まずは「の」が付いた謎の駅として、東武野田線・藤の牛島駅。所在地は春日部市牛島である。開業したのは昭和六年（一九三一）三月一日、最初は地名と同じ牛島という名の停留場であったが、わずか四日後の三月五日に藤の牛島と改称している。

これは少し詳しい地図を見れば納得できるのだが、駅から少し北へ歩いたあたりに「牛島のフジ」という名所があるのだ。樹齢一二〇〇年という藤の巨木で、太く絡み合った根と幹から延々と広い藤棚に枝が伸びていて壮観らしい。そんな近郷の名所があるのなら集客のためにと、当時の総武鉄道の幹部も考えたのだろう。藤を採用するのであれば「牛島の藤」より「藤の牛島」の方がインパクトが大きいと。

次は大阪府南部を走る水間《みずま》鉄道にある近義の里《こぎのさと》。所在地は貝塚市鳥羽《とば》なのだが飛び地で、周囲はすべて石才《いしざい》に囲まれている。駅の開業は昭和四四年（一九六九）と比較的新しいが、当時すでに石才駅が存在していたこともあってか、このあたりを古代に近義郷《こぎのさと》と呼んだことにちなんで命名されたらしい。なるほど近くには字は違うが近木川《こぎ》も流れている。

四国の「海の王迎《おうむかえ》」というのも謎だ。土佐くろしお鉄道中村線に平成一五年（二〇〇三）に開業したもので、所在地は高知県黒潮町上川口。ここにもすでに土佐上川口という駅があるが、付近に新しくできた住宅地の便宜を図るために作られた。駅名の由来はやはり古い物語で、鎌倉時代に後醍醐天皇の皇子・尊良《たかよし》親王が流刑にされた土地にちなむという。「海から王を迎えた地」というわけだ。

秩父《ちちぶ》鉄道には御花畑《おはなばたけ》という駅がある。西武秩父駅に隣接しており、駅は大正六年（一九一七）の開業と古いが、やはり所在地の地名と一致していない。由来は「江戸時代から桜の名所だった」「お花さん（人名）の畑」など諸説あるようだ。後者はいかにも怪しそうだが、前者にしても、全国の他の御花畑という地名、たとえば小田原や松江にかつて存在した「御花畑」という地名がいずれも藩主のための、文字通りの花畑であったことを考えると、「桜の花」を植林してある場所を「畑」と呼んだかどうか。

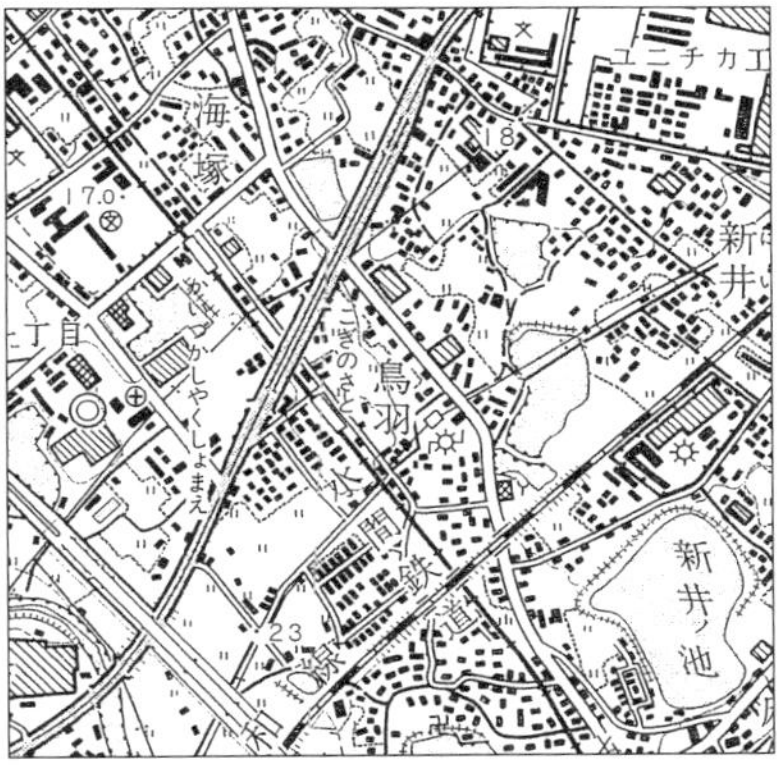

1:25,000「岸和田西部」平成５年修正

最近では、いわゆる難読地名をひらがなに改めて謎めいてしまった駅も目立つ。たとえば東武東上線の森林公園～武蔵嵐山《らんざん》間に新設された「つきのわ」。ニュータウンの駅なので、何か創作地名かと思いきや、江戸時代以前からの月輪《つきのわ》という地名だ。新興住宅地の町名は「月の輪〇丁目」となっているが、難読でもないものを、なぜひらがな表記にしたのだろうか。

平成二一年（二〇〇九）に開業した鹿児島本線のししぶ駅（福岡県古賀市）も、ひらがなで書かれると、どんな漢字を思い浮かべてよいのか悩んでしまう。しぶしぶ仮名書きした印象も受けるが、実は鹿部《ししぶ》という古い地名である。北海道の函館本線に鹿部《しかべ》駅があるが、それと区別するというよりは、やはり難読地名ゆえの対応だろう。

　気仙沼線の「のの岳駅」も仮名と漢字の交ぜ書きで奇妙な印象だ。「岳」というからには山の中にあると思われるだろうが、駅の周囲には見渡す限りの田んぼが広がっている。実際の山の名前は篦岳と書くが、昭和四三年（一九六八）開業という比較的新しい駅であることもあってか、常用漢字にないため仮名書きしたのかもしれない。地形としては山というより丘陵で、古くからの霊山として仰がれてきた。駅は山の麓、東へ五キロほどの所に位置する。昭和三〇年（一九五五）までは篦岳村という村もあったが、今は篦岳小中学校やJAの名に残る程度だ。

東武鉄道東上本線「つきのわ」駅（埼玉県）

　山陰本線の梶栗郷台地《かじくりごうだいち》というのも不思議な駅名だ。全国各地に「台」のつく駅は珍しくないが、人気ある「高原駅」ならともかく、台地と名のつく駅はここだけである。当初は梶栗駅となる予定だったが、綾羅木郷《あやらぎごう》遺跡にちなんでこの珍しい駅名に変更されたという。それとも、山口県では「〇〇野」「〇〇が丘」より「台地」のイメージの方が高級感があるのだろうか。

第2章

駅名でお客を呼ぶ駅

JR仙山線「山寺」駅(山形県)

えちぜん鉄道三国芦原線
「福大前西福井」駅(福井県)

叡山電鉄叡山本線
「八瀬比叡山口」駅
(京都府)

JR山陽本線「宝殿」駅(兵庫県)

京福電気鉄道北野線「撮影所前」駅(京都府)

「前」の駅名は私鉄の営業戦略

日本の駅名の特徴として「前」のつく駅がある。欧米では「〇〇工場」とか「〇〇学校」のみでざっと見たところ「前」は見当らない。実は日本国内にこの種の駅は非常に多く、およそ三〇〇ほどもある。駅名は所在地の地名を付けるのが基本で、多数派ではあるが、それらの地名ではなく、あえて公共施設や商業施設、学校などへ行くための利便性を考えて「前」を付けた駅名が多いのは納得できる。

公共施設の代表格が「市役所前」で、全国で最も多い同名駅である。函館・千葉・福井・長野・豊橋・御坊・広島・松山・鹿児島の九市にあって、千葉モノレールと長野電鉄、紀州鉄道（御坊）を除けばいずれも路面電車の停留場だ。熊本市電にも市役所前停留場があったが、平成二三年（二〇一一）に熊本城・市役所前と改称している。他に市名の付いた掛川市役所前（天竜浜名湖鉄道）、各務原《かかみがはら》市役所前（名古屋鉄道各務原線）、羽島市役所前（同竹鼻線）、瀬戸市役所前（同瀬戸線）、関市役所前（長良川鉄道）、京都市役所前（市営地下鉄）などの例も多い。東京には新宿区に都営地下鉄大江戸線の都庁前駅。

学校前の駅は、北から南まで大学から小学校までと幅広いが、大学の場合は利用者数も多いのでよく駅名に採用される。たとえば戦前からある明大前（京王電鉄京王・井の頭線）をはじ

都営地下鉄大江戸線「都庁前」駅

阪急電鉄千里線「関大前」駅（大阪府）

め、常葉《とこは》大学前（天竜浜名湖鉄道）、関大《かんだい》前（阪急千里線）、大阪教育大前（近鉄大阪線）、和歌山大学前（南海電鉄本線）など数多く、キャンパスが各地に分散している大学の中には農学部前（高松琴平電鉄・香川大学）や愛大医学部南口（伊予鉄道・愛媛大学）などと学部を名乗る例もある。

　これに対して固有名詞のない大学前（富山地方鉄道富山市内軌道線、近江鉄道本線・びわこ学院大学）、教育大前（鹿児島本線・福岡教育大学）などもあるが、いずれにせよ古くから大学前の名称は街のイメージアップにもつながるとして既存の地名から改められることも目立ち、たとえば昭和六二年（一九八七）に大根《おおね》から改称された東海大学前（小田急小田原線）、平成二九年（二〇一七）に松原団地から改称された獨協大学前（東武伊勢崎線）など、昨今の一八歳人口の減少に反比例して少しずつ増えている印象だ。

　地方では五農校《ごのうこう》前（津軽鉄道・五所川原《ごしょがわら》農林高校）や高知商業前（ＪＲ四国土讃《どさん》線）、大江高校前（京都丹後鉄道）、義塾高校前（弘南《こうなん》鉄道大鰐《おおわに》線）など高校を名乗るものも目立つ。同線には学校名が目立ち、弘高下《ひろこうした》（弘前高校）、弘前学院大前、聖愛中高前の三駅が並んでいる。これらは比較的新しいものが多いが、モータリゼーションの進行により特にローカル線では通勤客が減少、乗客の多くを高校生が占めるようになった事情が背景にありそうだ。

小中学校はさすがに少ないが、富山ライトレールには奥田中学校前（富山市）、札幌市電には幌南《こうなん》小学校前と資生館小学校前の二つの停留場がある。熊本市電の慶徳校前と健軍《けんぐん》校前の両停留場はいずれも小学校と称していないが昔ながらの表記で、古くからのバス停などには「○○校前」が目立つ。平成二〇年（二〇〇八）三月開業の日暮里・舎人ライナー（東京都交通局）にある赤土《あかど》小学校前駅は「本州唯一の小学校駅」である。

他にも三越前（東京メトロ銀座線）などの商業施設、京セラ前（近江鉄道本線）など工場、自衛隊前（札幌市営地下鉄）や牛渕団地前（伊予鉄道）、原爆ドーム前（広島電鉄）、大井競馬場前（東京モノレール）などさまざまな「前」駅が存在するのだが、実は「前」駅のほとんど

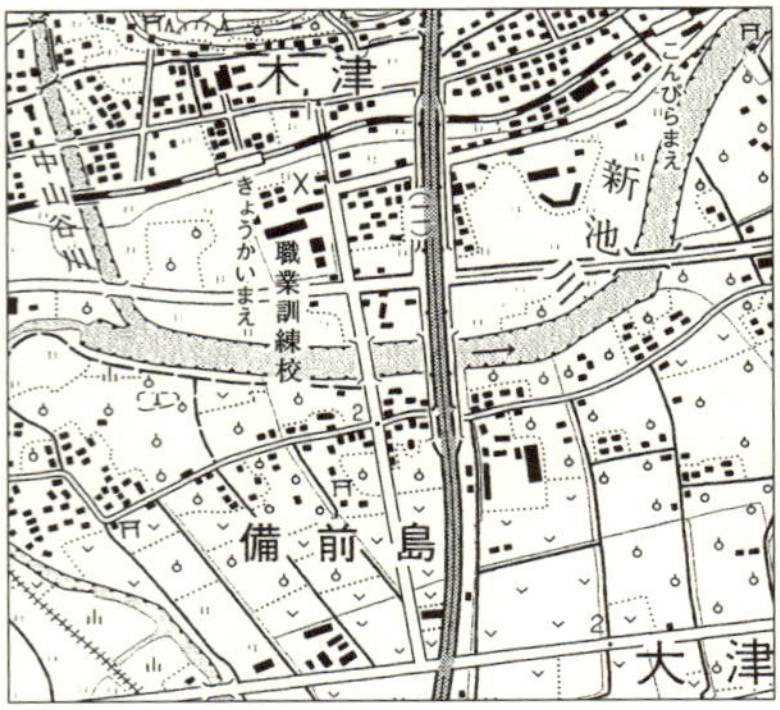

JR 線に「前」の駅は珍しい（鳴門線）。
1:25,000「坂東」平成９年修正

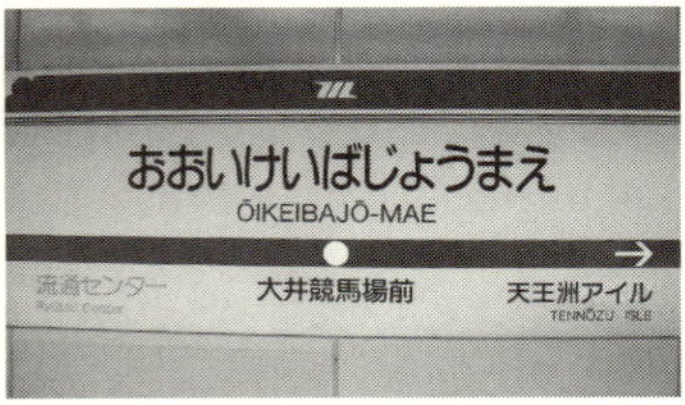

東京モノレール羽田空港線「大井競馬場前」駅

はＪＲ以外の私鉄が占めている。全国の駅の数そのものはＪＲとその他の私鉄がほぼ半々なので、「前」に関しては私鉄の突出が目立つ。さらにＪＲの駅名に「前」があるのは民営化後のものが多く、このことは、「前」駅が鉄道の営業戦略に関連して誕生あるいは名付けられていることを物語っていると言えそうだ。

神社仏閣にちなむ駅名

鉄道の駅には神社仏閣にちなむ駅名が多い。それ以前に鉄道・軌道の成り立ちからして参詣者を運ぶことを目的に設立されたものも目立ち、大師電気鉄道（現京浜急行電鉄）、京成電気軌道（現京成電鉄）、参宮《さんぐう》鉄道（ＪＲ参宮線）、参宮急行電鉄（現近畿日本鉄道）など枚挙にいとまがない。そんなことから神社仏閣関連の駅名が多いのは当然だ。

明治三二年（一八九九）に関東で初めて走った電車は、東海道の旧六郷橋と川崎大師を結ぶ大師電気鉄道（現京浜急行大師線）であったが、終点の**大師駅**（現**川崎大師**）は大師の門前に設置された。今でも特に初詣の頃は終夜運転を含め、京急大師線では特別輸送体制が組まれる。現在の初詣の人出のトップは川崎大師をしのいで明治神宮であるが、東京メトロの**明治神宮前**駅（千代田線・副都心線）もやはりその門前にある。千代田線の駅として建設中は山手線と交

江ノ島電鉄「極楽寺」駅
（神奈川県）

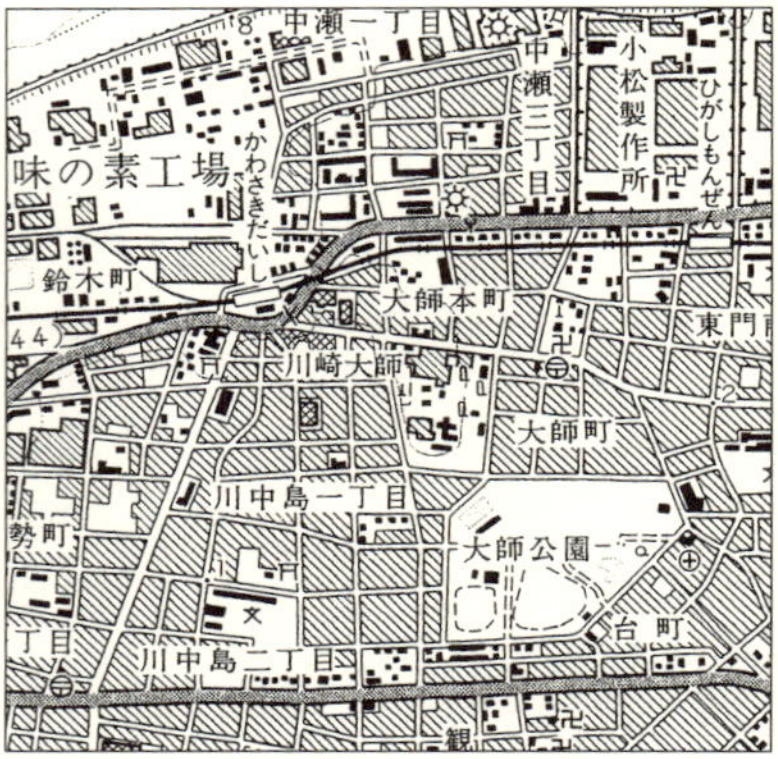

1:25,000「川崎」平成10年修正

差することもあって原宿駅（仮称）であったが、開業に際してはあえて神宮の名にこだわった。その結果、それまで神宮前と称していた駅は表参道と改称されている。

東京では消えた「神宮前」も名古屋市内には今も健在だ。名鉄名古屋本線と常滑《とこなめ》線の分岐点にあたる拠点駅で、当地で神宮といえば熱田《あつた》神宮を指す。JR東海道本線の熱田駅はすぐ目と鼻の先にあるが、名鉄の方が熱田神宮を意識した駅名になっている。全国的に見て神社仏閣の駅が特に私鉄に目立つのは、やはり参詣客に乗ってもらうため、つとめて寺社の近くに駅を設置し、またそれを駅名に採用してきた歴史的な経緯があるからだろう。京王線の高幡《たかはた》駅も昭和一二年（一九三七）に高幡不動とわざわざ改称している。

他にも寺社名を称する駅は多く、まず終点が寺社名なのは一畑《いちばた》電車出雲大社前、近鉄橿原《かしはら》線・南大阪線の橿原神宮前などがそれだが、やはり参詣客輸送が建設

西鉄太宰府線「太宰府」駅（福岡県）

京王電鉄「高幡不動」駅（東京都）

の大きな目的であった。一畑電車はその社名にもなった一畑薬師を目指す軽便鉄道で開業している（現在一畑駅への路線は廃止）。終着駅でなくても寺社を駅名とする例は多く、札幌市電の東本願寺前、東武鉄道伊勢崎線の茂林寺《もりんじ》前、京成電鉄本線の宗吾《そうご》参道、東京メトロ有楽町線の護国寺、都営地下鉄と京急の泉岳寺、小田急電鉄小田原線の豪徳寺、京浜急行電鉄逗子線の神武寺《じんむじ》、江ノ島電鉄の極楽寺、長野電鉄の善光寺下、甲府市のＪＲ身延線善光寺、四国の予讃線海岸寺などきりがないが、やはり有力寺社の「密度」が濃い関西の私鉄には多い印象だ。

たとえば京都市内を走る京福電鉄嵐山線には蚕ノ社《かいこのやしろ》、太秦《うずまさ》広隆寺、車折《くるまざき》神社、鹿王《ろくおう》院、御室仁和寺《おむろにんなじ》、妙心寺、龍《りょう》安寺、等持院と八駅もあって、全駅のほぼ三分の一が寺社名で占められているほどだ。それほどの集中度ではないが、近鉄にも二《に》上《じょう》神社口、長谷寺、吉野神宮、滝谷《たきだに》不動、阪急京都線では総《そう》持寺《じじ》、同宝塚線の売布《めふ》神社、和歌山電鐵の甘露寺前などなど、大小の寺社名が取り上げられている。南海電鉄には住吉大社（大阪市）があるが、より大社に近いのは阪堺電気軌道の住吉

くま川鉄道湯前線「相良藩願成寺」駅（熊本県）

JR大社線「大社」駅（1990年廃駅・島根県）

鳥居前。この線には妙国寺前と高須神社があり、後者は26ページで言及したように、社を濁らず「じんしゃ」と発音するのは珍しい。西日本各地で筆者も何度かお年寄りの口から「じんしゃ」と発音するのを聞いたことがあるので、やはり古い言い回しなのだろう。

同線には聖天坂《しょうてんさか》という停留場があるが、近くの寺に祀られている大聖歓喜天（聖天）への坂道、という意味だ。その種の関連駅名、たとえば寺社の名が地名になっている例なども含めればきりがないほど多いが、この電車の起点である恵美須町も、もとはといえば今宮戎《えびす》神社にちなむ明治以来の町名であり、さらにその神社の至近距離には南海高野線の電車が停まる今宮戎駅がある。ついでながら「エビス」関連の地名は恵比寿・戎を祀った神社が多いが、駅名として最も知名度の高そうな山手線の恵比寿駅はビールのブランドが由来である。JR鳴門線には昭和二三年（一九四八）まで蛭子《えびす》前駅があった。現在の撫養《むや》駅であるが、この蛭子さんは事代主《ことしろぬし》神社の俗称である。ついでながら撫養駅の西隣には金比羅《こんぴら》前、その次に教会前と続くが、金比羅前の方は金刀比羅《ことひら》神社の通称、次の教会前はキリスト教会ではなくて天理教の撫養《むや》大教会を意味している。

平成一九年（二〇〇七）の三月には前述の嵐電《らんでん》こと京福電鉄が、太秦《うずまさ》駅を太秦広隆寺、車折《くるまざき》駅を車折神社、御室《おむろ》駅を御室仁和寺《にんなじ》と同時に改称した。いずれも「前」は付いていないが、参拝客のさらなる確保を目指す姿勢が表われている。

乗客を利便性を与え、運賃収入を増やしてくれる「前」駅ではあるが、悩みもある。それは、施設などの名が変わったり移った際に駅名を変えなければならないことだ。たとえば鹿児島市電の県庁前停留場は、県庁が移転したため県庁跡と改称、その後水族館口に改められているし、「前」は付いていないが東急東横線の学芸大学駅は碑文谷《ひもんや》→青山師範→第一師範→学芸大学と何度も振り回された経緯がある。しかし「ブランド地名」として定着したため、その後大学が移転して半世紀以上が経っても改称されていないが。

栄・千歳・自由が丘——瑞祥地名の駅

八世紀の初め、「郡や郷の地名は二文字、しかも良い字で記すように」との律令制時代の定めが存在したことから、三音節のムサシやサガミは武蔵・相模に、また一音節のキの国は「紀伊」に表記が定められた。この「好字二字」の精神は意外に長続きしたというべきか、戦国武将も江戸時代の城主も地名には縁起を担いだ。たとえば三河にあった今橋《いまはし》という地名（おそらく新しい橋の意だろう）を今橋城主だった池田輝政が「今橋は忌はしに通じる」として吉田（現豊橋市）に改めたし、かつて北ノ庄と称した越前の福井も、松平忠昌（三代藩主）が「敗北の北」として福居（のち福井）に改めたものだ。

　多くの駅名はたいてい所在地の地名を反映しているが、縁起をかついだ瑞祥地名由来の駅名は数多い。たとえば、現代人にもストレートにわかる「栄」。栄はかつて合併した新村名によく用いられたが、圧倒的に明治以降のものが多い。栄駅は全国に三か所あり、やはり知名度が高いのは名古屋市営地下鉄。開業当時は「栄町《まち》」だったが、住居表示法で新しい町名から「町」が消えたのに合わせて栄に改称された。駅名のもとになった栄町も江戸時代は広小路片町と称したが、明治一一年（一八七八）に栄町に改められている。名鉄瀬戸線の起点は名古屋市営地下鉄に隣接しているが、昔の名前を尊重して栄町を名乗ることとなった。札幌市営地下鉄東豊《とうほう》線には栄町がある。兵庫県・神戸電鉄の栄駅の栄は古い。現在は神戸市北区押部谷《おしべだに》町栄というが、こちら

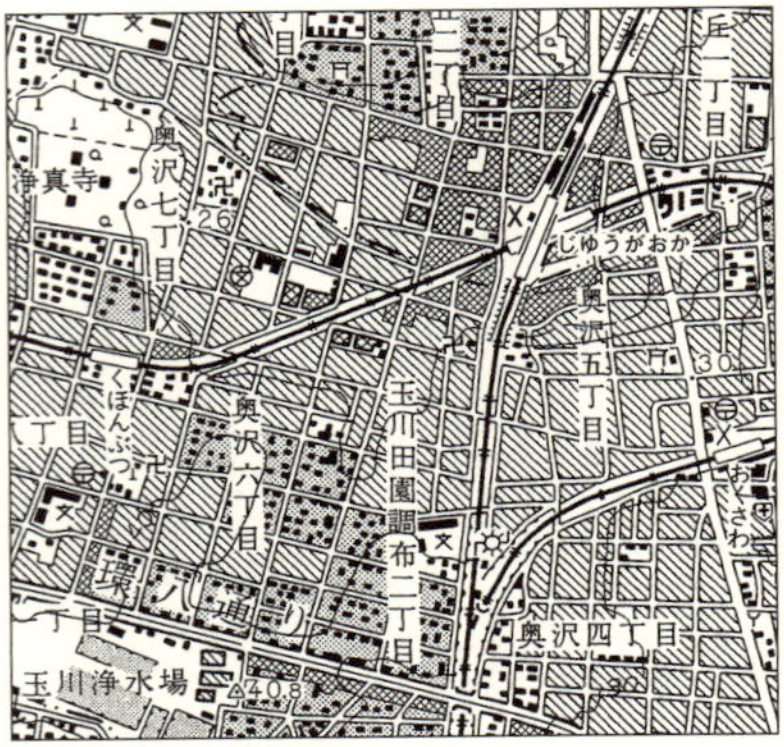

1:25,000「東京西南部」平成 13 年修正

JR 千歳線「新千歳空港」駅（北海道）

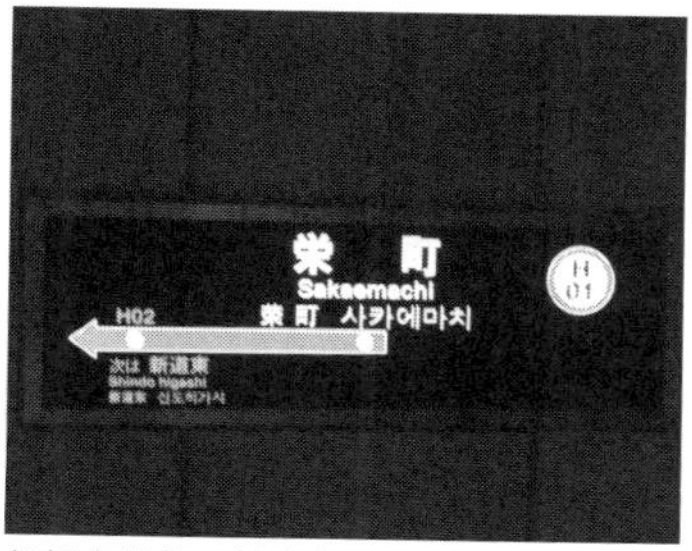

札幌市営地下鉄東豊線「栄町」駅（北海道）

の栄は戦国時代の文書にすでに「さかい（漢字不詳）」と記されたという由緒あるものだ。

水島臨海鉄道の栄駅は倉敷市水島東栄町にあるが、もとは福田町北畝《きたせ》という地名だった。ここに進出した三菱重工業水島航空機製作所の工場長が名古屋出身者だったことから、名古屋随一の繁華街の名である「栄」を借用したのだという。小さな駅だが、実は名古屋都心部の地下鉄の駅と関係していたのである。ここの場合は「名古屋の栄町のように」栄えてほしかったのだろう。

栄ほどストレートでない例に「浦安」駅がある。ここは堀江・猫実《ねこざね》・当代島《とうだいじま》の三村および欠真間《かけまま》村飛地が明治の町村制施行時に合併した際、初代村長が「漁浦安かれ」と名付けた地名だ。戦後もしばらくはのどかな漁村風景が続いていたが、初めて千葉県を走った地下鉄東西線が昭和四四年（一九六九）に開業して以来の発展は急速で、今となっては漁浦ではなくて「ディズニーシー」の海として全国にとどろいている。

北海道の千歳駅も瑞祥地名由来である。北海道の地名にはアイヌ語由来のものが多いが、当てた字が難解だったり、発音しにくい、語呂が悪いなどを理由に和風の地名に変えられる例は珍しくない。今や札幌の玄関口を担う大空港の町となった千歳も同様である。当地を流れる千歳川はもとアイヌ語でシコツ（大きな窪地）川と称したが、発音が「死骨」に通じるとして嫌い、幕末期に函館奉行がチトセ川に改めたことにちなむという。当地には鶴が多く生息していることから、「鶴は千年」にちなんだものである。

花小金井・金沢八景——名所旧跡を名乗る駅

私事であるが、東京の御茶ノ水駅には大学の後半二年と出版社勤務を加えて計一一年間もお世話になった。この駅は中央線と総武線の電車が頻繁に出入りし、それに地下鉄丸ノ内線が神田川の上に顔を出す立体的な構造なので、子供向け電車絵本の格好の題材として昔から好まれている。私も大学受験で初めてここを訪れ、幼い頭に焼き付いた画像をここに見て感慨無量だったことを思い出す。

「鉄腕アトム」に登場する「お茶の水博士」の知名度もあって全国的に知られたこの駅名だが、御茶ノ水はこのあたりの神田川の両岸一帯を指す通称に過ぎない。将軍のお茶を淹れるための湧水があったことが由来とされるが、正式な行政地名になったことは一度もなく、今は左岸側

JR 篠ノ井線「姨捨」駅（長野県）

JR 中央本線「御茶ノ水」駅（東京都）

が文京区湯島、右岸が千代田区神田駿河台と称する。中央本線の前身である甲武鉄道が所在地名ではなく通称を採用した理由はわからないが、人工ながら江戸名所で知られた渓谷の名称―茗渓《めいけい》（お茶の谷の意）の知名度にあやかりたかったのかもしれない。

善光寺平（長野盆地）のすばらしい眺望で知られる篠ノ井線・**姨捨**《おばすて》駅も名所駅名だ。所在地は千曲市大字八幡《やわた》であり、古今集の昔から歌枕として有名な姨捨山の名を採ったものである。その「姨捨」の文字ゆえに伝説もあり、この地名は昔から人口に膾炙《かいしゃ》してきた。山の名は今では冠着《かむりき》山と呼ばれているが、隣の**冠着**駅も所在地は東筑摩《ちくま》郡筑北《ちくほく》村坂井であり、こちらは山名が採用されたものである。

芭蕉の「奥の細道」を挙げるまでもなく、日本人は古代から「ゆかりの地」を訪ねるのが好きだったらしく、飯田線には長篠の戦跡を訪れる人を意識した駅名がいくつもある。**長篠城**駅はもちろんのこと、豊臣秀吉が陣取った茶臼山本陣にちなむ**茶臼山**駅、「英雄」鳥居強右衛門《すねえもん》最期の地を記念した**鳥居**駅（所在地は新城《しんしろ》市有海《あるみ》）がある。命名時にこの区間が私鉄の豊川鉄道・鳳来寺鉄道であったことも影響しているのだろう。

かつては楠木正成・正行《まさつら》父子の今生の別れで知られる西国《さいごく》街道桜井駅（大阪府島本町。駅は宿場のこと）の近くに阪急電車の「桜井ノ駅駅」もあり、今昔の「駅」が重なる珍しい例だった。戦前の修身の教科書には必ず登場する名場面だったが、戦後はおよそ修身的なものがことごとく否定された影響か、占領下の昭和二三年（一九四八）に水無瀬《みなせ》と改められ、今に至っている。

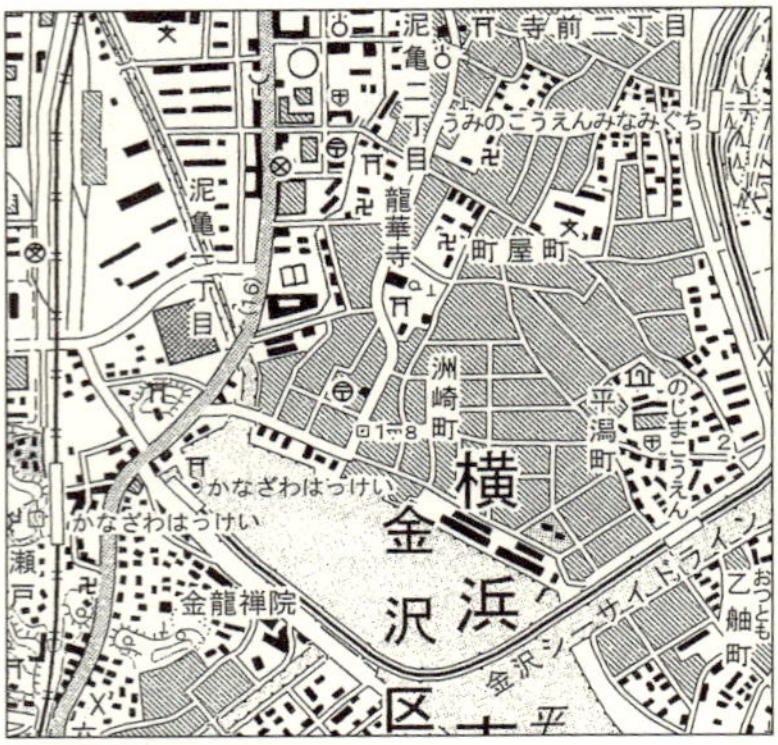

1:25,000「横須賀」平成18年更新

京浜急行の金沢八景という駅名も名所駅名である。このあたりは江戸時代から文人墨客が好んで訪れた景勝の地で、「小泉の夜雨」「称名《しょうみょう》の晩鐘」「乙舳《おっとも》の帰帆」「洲崎《すさき》の晴嵐」「瀬戸の秋月」「平潟《ひらかた》の落雁」「野島の夕照《せきしょう》」「内川の暮雪」の八景である。単なるモノだけにとどまらず、雨や風、鳥、音も光も合わせた日本人の伝統的な景観意識をよく表わしているが、「八景」そのものを駅名にしてしまった当時の湘南電気鉄道のセンスもなかなかのものだ。ちなみに駅の所在地は八景のひとつ「瀬戸の秋月」に登場する横浜市金沢区瀬戸。

「温泉」を後から付けたものが目立つ温泉駅

「温泉」の付く駅名は多い。かつては付いていなかったのに、温泉地をアピールすべく改称するものも目立ち、中には温泉までかなり遠くて「詐称」一歩手前のようなケースもあるが、法律に要件が定められた「温泉」そのものと違って、駅名に温泉を付けるかどうかは基本的に自由だから、極端なことを言えば「〇〇温泉」という名の銭湯の前に「〇〇温泉駅」を作ってもかまわない。

最初から余談で恐縮だが、日本でも知名度最高クラスに位置する草津温泉。もちろん群馬県にあるのだが、滋賀県の東海道本線草津駅にも、たまに「草津温泉はどこでしょう」と駅員に尋ねる人が現われるらしい。ここで「まずは東京へ行ってから上越新幹線で……」と案内されても途方に暮れそうなので、市内の銭湯を案内するという話を聞いたことがある。

温泉好きで有名な日本人を温泉街に誘導するため、新たに「温泉」を付けられた駅は非常に多い。ランダムに挙げてみると、東北新幹線が新青森まで延伸したのを機に平成二二年（二〇一〇）一二月に「青い森鉄道」となった旧東北本線の浅虫《あさむし》温泉。この駅は昭和六一年（一九八六）に浅虫から改称された。温泉は平安時代に猿が入浴しているのを見た円光大師が村人に浴場を作らせたのが最初という由緒ある温泉である。

昨今の流行を受けたと思われる「ひらがな化温泉駅」は東北に２つあり、奥羽本線の上ノ山駅は山形新幹線が走り始めた平成四年（一九九二）に、かみのやま温泉駅と改称された。同じく山形県では、日本海に面した温海《あつみ》駅が「あつみ温泉」に改称されているが、これはずっと早い昭和五二年（一九七七）のことであった。難読であったのもひらがな改称の原因かもしれない。

この他に従来の駅名に「温泉」を付けたものを挙げてみると、大鰐《おおわに》温泉（奥羽本線・青森県、平成三年）、金田一《きんたいち》温泉（ＩＧＲいわて銀河鉄道・岩手県、昭和六二年）、鳴子温泉（陸羽東線・宮城県、平成九年）、湯野上《ゆのかみ》温泉（会津鉄道・福島県、昭和六二年）、川原湯《かわらゆ》温泉（吾妻《あがつま》線・群馬県、平成三年）、石和《いさわ》温泉（中央本線・山梨県、平成五年）、下部《しもべ》温泉（身延線・山梨県、平成三年）、宇奈月温泉（富山地方鉄道・富山県、昭和四六年）、和倉温泉（七尾線・石川県、昭和五五年）、湯谷《ゆや》温泉（飯田線・愛知県、平成三年）、木津温泉（京都丹後鉄道・平成二年［丹後木津から］）、湯田温泉（山口線・山口県、昭和三六年）、武雄温泉（佐世保線・佐賀県、昭和五〇年）、京町温泉（吉都《きっと》線・宮崎県、平成二年）など非常に多い。おおむね昭和五〇年代から平成にかけての改称が目立つようだ。ただ温泉を付けるだけでなく、まったく駅名を変えてしまった芦原《あわら》温泉駅（北陸本線、旧称・金津《かなづ》）や加賀温泉駅（同、旧称・作見《さくみ》）などの例もあり、また「温泉」は付かないが、駅に温泉施設を設けて陸中川尻を「ほっとゆだ駅」と大胆に改称したり、島根県の一畑電鉄（現一畑電車）のように、温泉名の変更に伴って松江温泉駅が松江しんじ湖温泉と改称されたものもある。

温泉地もあまりにも有名だと、わざわざ費用をかけて「温泉」を付ける必要を感じないのか、誰もが知る「大物」には温泉なしの駅が目立つ。たとえば別府や湯河原、熱海、伊東などが代表格だろう。その伊東を起点に伊豆半島の東海岸を南下する伊豆急行は、大半の駅の近くに豊富な湯量を誇る温泉が湧いているが、「温泉」付きの駅は皆無である。付け始めるとキリがないから、あえて省略したのだろうか。

これは珍しい例だが、最初は温泉が付いていたのに外してしまったものもある。東急東横線の綱島駅（横浜市鶴見区）は開業時は綱島温泉と称していた。大正初期に井戸を掘っていたら二〇度の鉱泉が湧いたのが始まりで、東京・横浜から近く電車が通ったため急速に発展、昭和一〇年（一九三五）頃には一大温泉地となった。しかし同一九年一〇月に綱島と改称されている。戦争がいよいよ敗色濃厚となり、「この非常時に温泉に浸かっている場合か」ということだろうか。当時は東急の一路線であった小田急線（東急小田原線）の鶴巻温泉駅と同じ日に改称されている。小田急は戦後に「温泉付き」を復活させたが、綱島は今に至るもそのまま（ラジウム温泉は今も健在）。

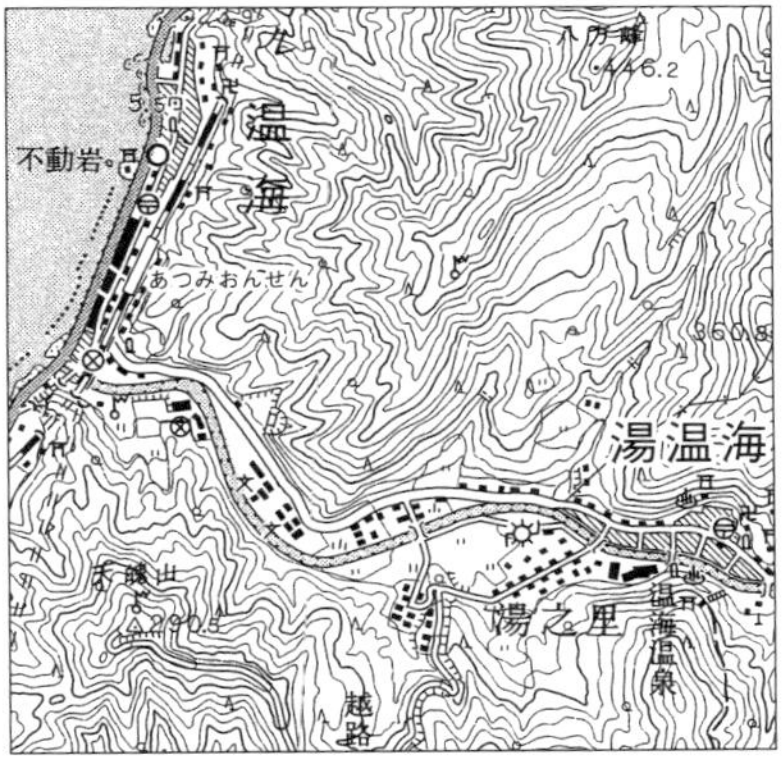

1:50,000「温海」平成２年修正

会津鉄道「芦ノ牧温泉」駅（福島県）

JR 奥羽本線「大鰐温泉」駅（青森県）

JR 飯山線「戸狩野沢温泉」駅（長野県）

JR北陸新幹線「黒部宇奈月温泉」駅（富山県）

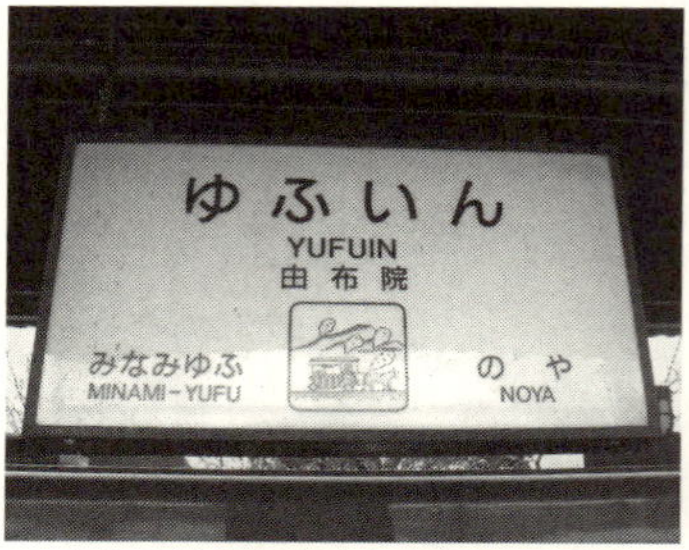

JR 久大本線「由布院」駅（大分県）

肥薩おれんじ鉄道「日奈久温泉」駅（熊本県）

台、ヶ丘、野、それに外来語――新興住宅地の駅名

高度成長期には特に大都市圏で新興住宅地が激増した。日本住宅公団（現都市再生機構）のマンモス団地もあれば私鉄や民間デベロッパーによるものなど、さまざまである。住宅地になる以前は農村だった所が多いが、それぞれの土地の歴史的地名とは無関係に名付けられた「売るための創作地名」があちこちに出現した。これらの新地名を採用した駅名には私鉄が多く、新しく名付けたものもあれば、既存の駅名を変更したものもある。

ある時期まで流行したのが「○○が丘」である。すでに全国的に多数存在しているが、近代的「が丘地名」の嚆矢として知られるのが東京都目黒区の自由が丘である（大阪の営地下鉄谷町線の**四天王寺前夕陽ケ丘**《ゆうひがおか》駅の夕陽丘は鎌倉時代から）。命名当初は碑衾《ひぶすま》町大字衾《ふすま》の一部だったが、この地に手塚岸衛《きしえい》が自由ヶ丘学園を開設、地名として定着した。東京横浜電鉄（現東急東横線）の駅も当初の駅名である**九品仏**《くほんぶつ》（初代）から**自由ケ丘**に改称（現在の**九品仏**駅はその後に設置）、その後は行政地名も自由ヶ丘となった（現在は駅名・町名ともには「**自由が丘**」）。駅名が先にできて通称地名となり、それが後に正式町名となるケースは意外に多く、二字ではないけれど、古代からの「好字」を用いた地名は、その傾向を変えながらも根強い人気を擁しているようだ。

山万ユーカリが丘線「ユーカリが丘」駅・「地区センター」駅（千葉県）

小田急小田原線「新百合ヶ丘」駅（神奈川県）

筆者が子供時代に最寄り駅として利用したのは相模鉄道希望ヶ丘駅（横浜市旭区）であったが、ここは旧制県立横浜第一中学校の後身である県立希望ヶ丘高校の名前が先で、駅名と分譲住宅地がそれにならい、その後正式な町名（東希望が丘・中希望が丘・南希望が丘）となった。

戦後になって雨後のタケノコのように急増した同類を探してみると、首都圏では百合ヶ丘・新百合ヶ丘・桜ヶ丘（小田急電鉄）、つつじヶ丘（京王電鉄）、光が丘（都営地下鉄）、狭山ヶ丘、ひばりヶ丘（西武鉄道）、ユーカリが丘（京成電鉄）など、関西圏には泉ヶ丘（泉北高速鉄道）、星ヶ丘（名古屋市営地下鉄・京阪電気鉄道）、緑が丘（神戸電鉄）、桔《き》梗《きょう》が丘（近畿日本鉄道）、名古屋市営地下鉄の藤が丘など全国的に分布している。

これらのうち、京王のつつじヶ丘駅は金子、西武のひばりヶ丘駅は田無町《たなしまち》をそれぞれ改称したものだ。つつじヶ丘は京王の分譲地、ひばりヶ丘は住宅公団である。ひばりヶ丘団地は公団有数の大団地で、昭和三四年（一九五九）には新婚

西武鉄道池袋線「ひばりヶ丘」駅
（東京都）

京王電鉄京王線「つつじヶ丘」駅
（東京都）

当時の皇太子夫妻（今上天皇・皇后）も見学に訪れている。当時の「団地」は最先端のイメージがあって人気があり、抽選の倍率も高かった。少年時代の筆者もモダンな団地は憧れで、従妹が住む公団の水洗トイレは「先進性の象徴」のようでまぶしかった。そんな背景もあってか、当時の大団地の最寄駅には松原団地駅（東武伊勢崎線・埼玉県草加市＝平成二九年に獨協大学前に改称）や高根公団駅（新京成電鉄・千葉県船橋市）など団地そのものを名乗る駅も登場している。

私鉄沿線の「住宅地駅」の代表は東急田園都市線であろう。渋沢栄一の提唱した田園都市の代表格である田園調布は大正一二年（一九二三）から分譲が始まったが、開発した田園都市会社の子会社が東急の前身・目黒蒲田電鉄であった。戦後になって東急はこれらを発展させ、新たに川崎・横浜両市を中心とする丘陵地に新線を敷設し、その沿線に「多摩田園都市」を作った。

沿線は襞の多い丘陵地に谷戸田が入り込み、かつては山林と畑が混在する典型的な農村であったが、それらの地形を大々的に改造し、駅を中心とした丘の上の住宅地に出現したのが、た

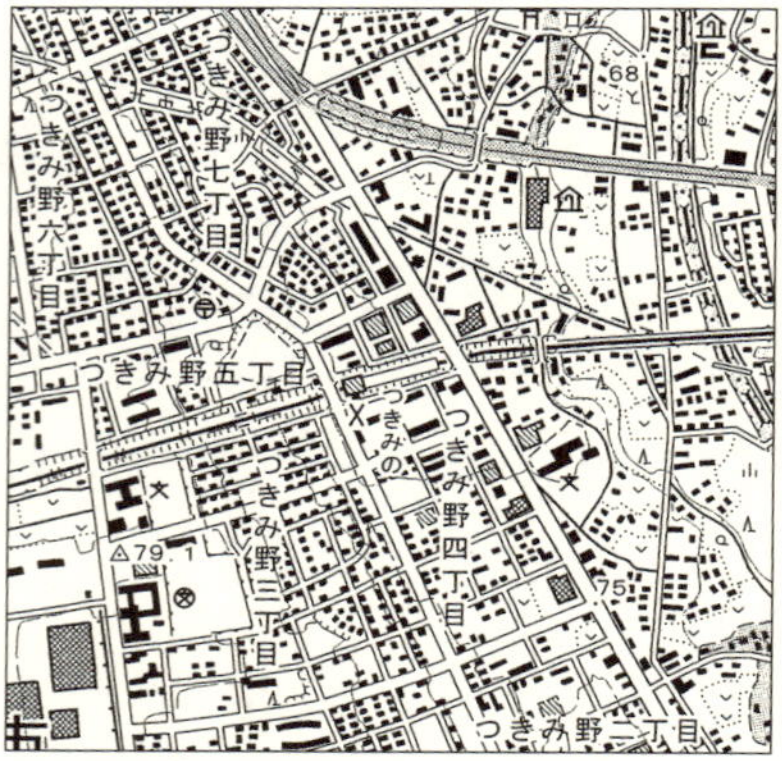

1:25,000「原町田」平成19年更新

小田急多摩線「小田急多摩センター」駅（東京都）

まプラーザ、あざみ野、藤が丘、青葉台、つくし野、すずかけ台、つきみ野といった、いかにも新しい駅名である。

長らく隆盛を誇った「〇〇が丘」「〇〇台」「〇〇野」などの駅名もそろそろ飽きがきたのか、最近はまったく別のバリエーションも増えてきた。ウッディタウン中央とかフラワータウン（神戸電鉄・兵庫県三田《さんだ》市）、オレンジタウン（高徳《こうとく》線・香川県さぬき市）、みらい平（つくばエクスプレス・茨城県つくばみらい市）、越谷レイクタウン（武蔵野線）など外来語系が目立つ。

それらと対照的に公団などを中心とした大規模ニュータウンは意外にも新地名をあまり乱発せず、駅名も江戸時代以来の地名が多い。たとえば多摩ニュータウンを見ると、多摩センターという駅名以外は小田急永山、京王永山、唐木田、京王堀之内、南大沢など従来の地名だし、大阪府の千里ニュータウンも北千里と南千里の間に後からできた駅は、その名も山田であった。「売らんかな精神」は感じさせない。

さくらんぼ東根・勝沼ぶどう郷——名産つき駅名

新宿から中央本線の列車に乗って笹子トンネルを抜け、甲府盆地にさしかかった場所にある勝沼駅が平成五年（一九九三）に「勝沼ぶどう郷」と改称された時には仰天したものである。そもそも駅名には地元の地名が採用されるものが多く、場合によっては公園や神社仏閣、市役所などを名乗るものもあるが、ご当地名産をそのまま貼り付けてしまう発想には驚いた。

改めて説明するまでもなく勝沼（現山梨県甲州市）は古くからブドウの産地で、江戸時代にはブドウを満載した荷車が甲州街道を行き交っており、さらに明治に入るとワインの生産も始まった。扇状地の水はけの良い砂礫層と甲府盆地の日本でも有数の日照時間の長さ、それに笹子峠の方から吹き抜ける風がワインの風味を上げてくれるとのことで、好条件が重なった勝沼はワイン用でも生食用でも国内随一のブドウの産地となったのである。そんなわけで「ブドウといえば勝沼」を誰もが認識するようになって久しいのだが、駅名に付け足したのは、それを確固たるものにしたかったのだろうか。なお「勝沼ぶどう郷」は特定の施設の名ではなく、旧勝沼町一円を指す観光用の呼称である。

山形県では、山形新幹線が新庄まで延伸された平成一一年（一九九九）に、さくらんぼ東根駅が開業した。東根駅の南隣にあった蟹沢《かにさわ》駅を廃止して〇・九キロほど南側に新たに東根市の

山形新幹線「さくらんぼ東根」駅（山形県）

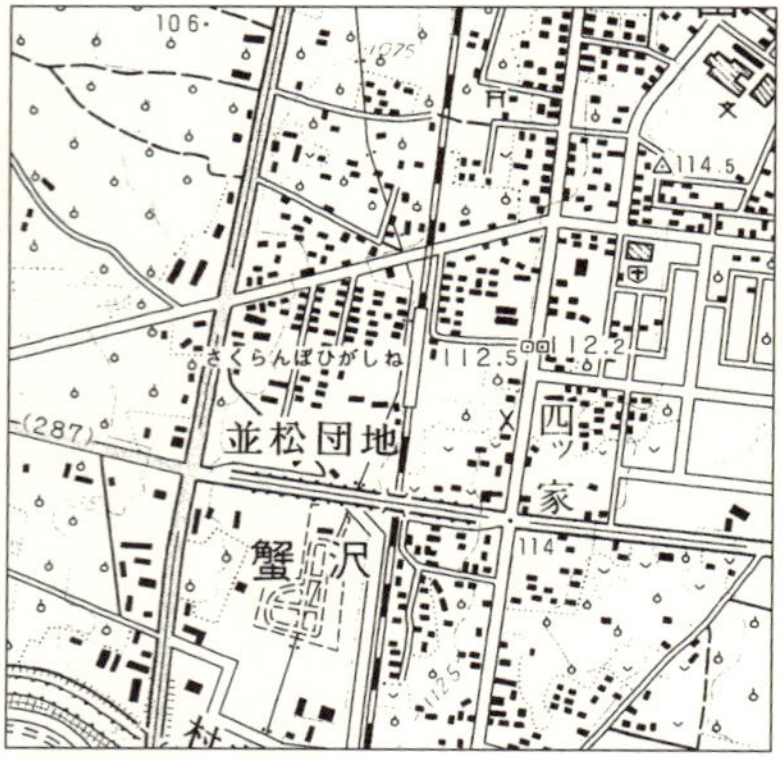

1:25,000「楯岡」平成11年部分修正

玄関口を作ったのであるが、やはり同市一帯が日本一のさくらんぼの産地であることからの命名である。今度は「ぶどう郷」と違って「さくらんぼ」そのものを駅に冠したのが大胆な「一歩前進」だった。

平成一一年一月一一日一一時一一分一一秒に一番列車が出発して話題となった井原《いばら》鉄道（岡山県・広島県）には「子守歌の里高屋《たかや》」という駅がある。高屋といえば山陽道の宿場町で、古くからの機業地として知られた町だが、山田耕筰編曲で全国的に有名になった「中国地方の子守唄」（ねんねこしゃっしゃりませ……）のルーツがこの高屋なのだという。

沿線には他にも北条早雲の故郷にちなむ「早雲の里荏原」駅や、奈良時代の大学者・吉備真備《きびのまきび》の出身地にそのものズバリの「吉備真備」駅もある。所在地の旧真備《まび》町という名も、昭和二七年（一九五二）の五町村合併の際にこの人にちなんで命名されたという（現倉敷市真備町）。名産も有名人も駅名に付けてしまう時代が到来したようだ。秋田内陸縦貫鉄道

京王電鉄京王線「桜上水」駅
（東京都）

京王電鉄相模原線「京王稲田堤」駅
（神奈川県）

には阿仁マタギという駅があるが、こちらは特定の個人ではなく、猟師集団であるマタギが活躍した土地にちなんでいる。

秋田といえば奥羽本線に平成七年（一九九五）に新設された人名を思わせる井川さくら駅は南秋田郡井川町にあるが、「さくら」を付けたのは桜の名所・日本国花苑に近いことにちなむ。桜は「国花」と称されるほど日本人が好む花であるが、お花見の名所をアピールする駅名が実は戦前にいくつか命名されている。

このように所在地名ではなく名所旧跡を駅名に採用する例は意外に多く、たとえば京王電鉄の桜上水。昭和一二年（一九三七）に京王車庫前から桜上水に改称された時点では世田谷区上北沢町だった。この年に京王では上高井戸→芦花公園、市公園墓地前→多磨霊園、関戸→聖蹟《せいせき》桜ケ丘、百草《もぐさ》→百草園、高幡→高幡不動などの改称を一気に行っているが、やはり観光客をいかに取り込むかという営業戦略が出ているようで、この桜上水も玉川上水の桜並木をさらなる名所にして一層の集客を、と意気込んだものだろう。

西武新宿線の花小金井駅もそうだ。駅ができた昭和二年（一九二七）には「小平村大字野中新田与右衛門《よえもん》組」で、こちらも江戸時代からの桜の名所、玉川上水沿いにある小金井公園の最寄り駅（徒歩二〇分以上だが）を意識している。日常的に使われる駅名の影響力は大きいもので、昭和三七年（一九六二）には一帯が正式に小平市花小金井（一～六丁目）となった。前述の桜上水の方も昭和四一年（一九六六）から世田谷区の正式町名となっている。

それにしても駅名の宣伝効果は強力だ。思えば「どちらにお住まいですか」と尋ねられて、たとえば筆者はかつて横浜市港北区大豆戸《まめど》町に住んでいたのだが、町名や区名ではなく「大倉山（大倉精神文化研究所のある山）です」と最寄り駅を答えたものである。特に日常の通勤通学での移動中に目にする駅名は、自分が一度も降りたことがない駅であっても認知度は高い。鉄道業界でも少子化・高齢化による通勤通学者の減少という逆風が吹いており、一人でも乗客を増やすためには駅名ひとつにも力を込めざるを得ない。今後もしばらくはこの種の駅名が各地に出現するに違いない。

富士山・東京・佐久平――大きな駅名

挙げておいてナンだが、「大きな駅名」というのはずいぶん漠然としている。感覚的に大きな印象を受ける駅名を挙げてみたい。たとえば大平原などという駅名があったとすれば、それだけで広大な雰囲気が漂うが、残念ながらそんな駅はない。しかしただの平原駅はあって、これは「ひらはら」と読む。長野県小諸市内のしなの鉄道の駅である。浅間山が間近に大きく聳えているから周囲は雄大な景色だが、駅舎はだいぶ以前に撤去され、今は車掌車の廃車を利用した待合ボックスのみの小さな無人駅だ。

この平原駅があるのは佐久平《さくだいら》（佐久盆地）で、北陸新幹線の駅は「この地域の中心駅」たらんと欲して佐久平駅と名付けられたに違いない。確かに佐久市内ではあるが、市名というよりは小諸市なども含む広域名称（郡名は北佐久郡・南佐久郡）であり、「新○○」とか「○○高原」に食傷気味の昨今としてはヒットの駅名ではないだろうか。

突然だが東京駅というのも大きい。赤煉瓦の有名な建物や駅構内の広さを知っているからかもしれないが、大東京の中央停車場にふさわしい駅名である。ロンドンやパリのターミナル駅がいずれも方面別に異なっており、「ロンドン駅」や「パリ駅」が存在しないことはよく知られているが、東京駅は乗降客数でこそ新宿に及ばないものの、都内を発着する大半の新幹線列車

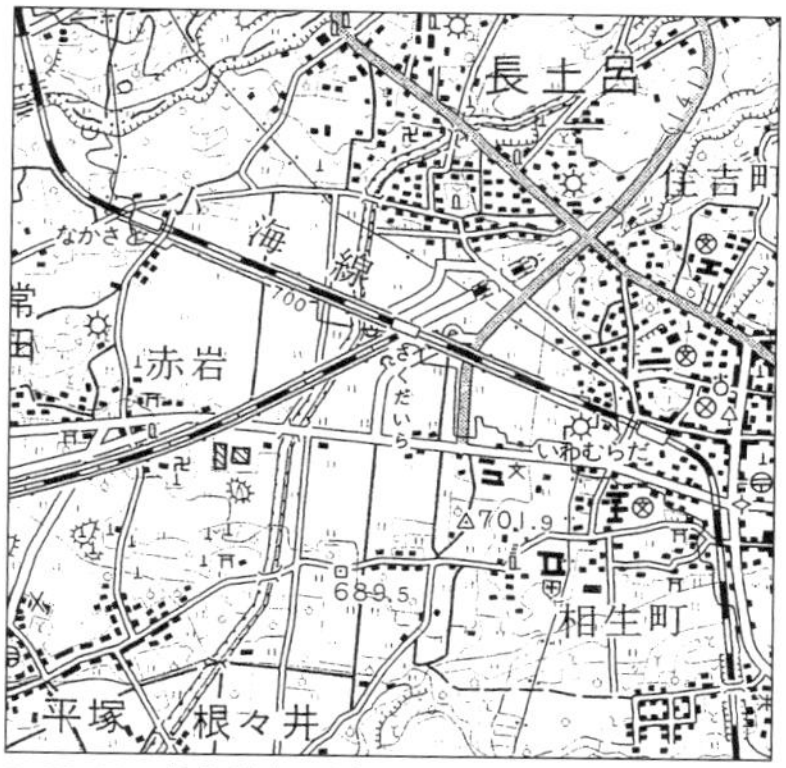

1:50,000「小諸」平成９年要部修正

JR「東京」駅

東京メトロ「銀座」駅

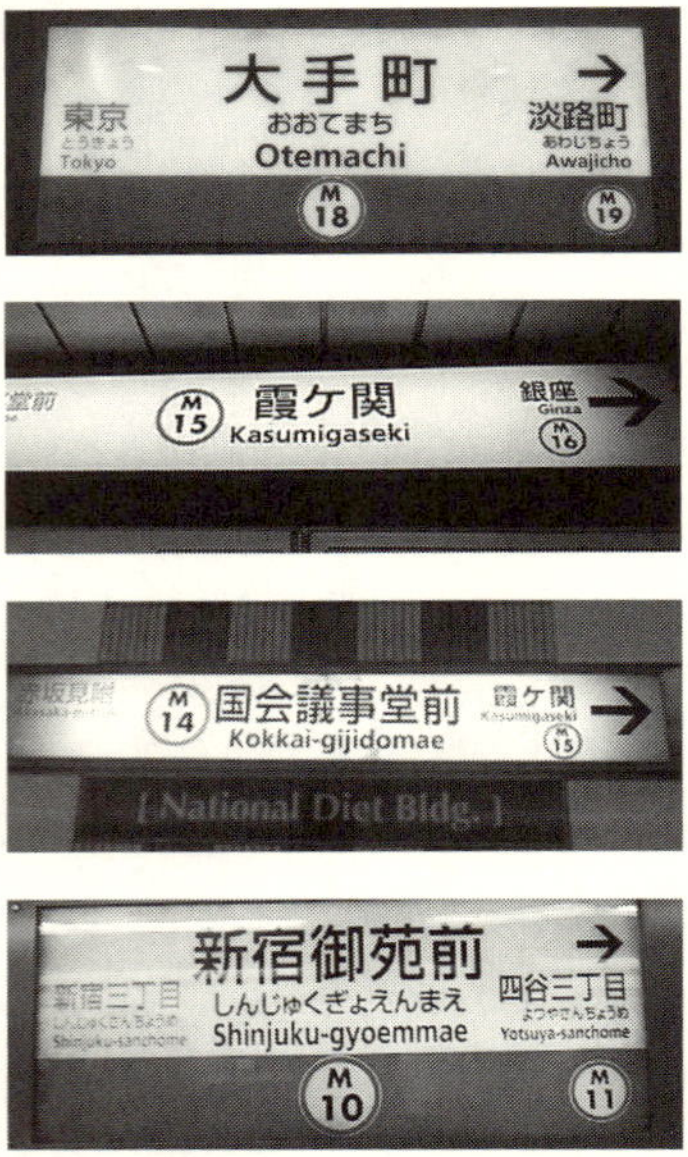

東京メトロ丸ノ内線、上から「大手町」「霞ケ関」「国会議事堂前」「新宿御苑前」の各駅

の始発駅となっているため、資格は十分である。

この大きさは地下鉄丸ノ内線に乗ってみるとわかる。池袋方面から乗っていると御茶ノ水、淡路町《あわじちょう》、大手町ときて、次が東京。その先は銀座、霞ケ関と続くが、いずれも地元の町名または通称地名、または国会議事堂前や新宿御苑《ぎょえん》前といった施設名で占められている。そんな地下鉄路線で、いきなりスケールの違う「東京」が並ぶと、誤って縮尺の違う大きなモノが落とされたかのような違和感を覚えないだろうか。丸ノ内線の駅名なら本来「東京駅前」といったスケール感がちょうどいいかもしれない。

　東北新幹線の那須塩原駅もスケールが大きい。広大な那須高原と、さらに奥へ入った隣の塩原温泉郷を一緒にまとめたもので、実に広々とした印象がある。平成の大合併で黒磯市・西那須野町・塩原町が合併した際に新幹線の駅名と同じ那須塩原市に決まったのは、駅名として定着していたこともあるだろうが、五九三平方キロという広大な市域を表わすにふさわしい市名だったのではないだろうか。

　大きな駅名といえば山の名前もそんな例がある。大山口《だいせんぐち》（山陰本線・鳥取県）や高尾山口（京王高尾線・東京都）、白神岳《しらかみだけ》登山口（五能線・青森県）のようなものではなく、山の名そのものの蔵王《ざおう》（奥羽本線・山形県）とか阿蘇（豊肥本線・熊本県）のようなものは、やはり大きな印象になる（阿蘇は現市名・旧町名でもある）。

　誰もが認める名山の威光にあやかりたい気持ちはわかるが、あまりに「畏れ多い」ためか、誰もが手を出さなかったものがある。平成二三年（二〇一一）誕生した富士急行の富士山駅（山梨県富士吉田市）だ。富士吉田駅を改称したもので、だいぶ思い切ったものだが、スマホ時代の現代にあって外国人観光

京王電鉄高尾線「高尾山口」駅（東京都）

富士急行「富士山」駅（山梨県）

客を成田・羽田空港から呼び寄せるには、そのものズバリの富士山を名乗っていれば間違いはないという計算だろうか。富士山駅までお客に来て貰えばこっちのもので、そこから自社の五合目行きのバスに乗ってもらえばいい。しかし一方で「こちらが富士山の表側」を自負している静岡県側の住民にしてみれば「やられた……」という悔しい思いはあるだろう。

富士山が日本のシンボルであるとすれば、「日本のへそ」を自称する自治体も意外に多い。群馬県渋川市や長野県佐久市なども「へそ」を名乗っているが、これよりだいぶ西側、北緯三五度の緯線と東経一三五度の経線（日本標準時子午線）の交差地点に位置する兵庫県西脇《にしわき》市には「日本へそ公園」がある。日本列島として見ればだいぶ西に偏った印象はあるが、南西諸島を含めれば、北緯二五度と四五度の間に大半がおさまる日本の領域。そのまん中を通る北緯三五度線に標準時子午線が交差する地点が「へそ」という解釈はそれなりに納得できる。ＪＲ加古川線には公園近くに日本へそ公園駅が昭和六〇年（一九八五）に設置された。へそ自体は世界測地系の採用で平成一四年（二〇〇二）に経緯度が動き、四〇〇メートルほどもずれてしまったが、そうなったとしても駅、公園ともに廃業するわけにもいかず、今も健在である。

第3章

山・川・海・橋・道の駅

JR鶴見線「国道」駅（神奈川県）

大阪メトロ中央線「大阪港」駅（大阪府）

東京メトロ有楽町線
「江戸川橋」駅

横浜高速鉄道みなとみらい線「馬車道」駅（神奈川県）

海岸駅・海水浴場駅・水泳場駅

日本は四方を海に囲まれた山がちの国土なので、昔から海沿いを街道が通るのはある意味で必然であり、その道に沿って敷かれた鉄道にも海辺の駅が多くなった。

海岸という名の付く駅を北の方から挙げてみると、まずは三陸海岸に四つある。種差《たねさし》海岸（青森県・八戸線）と白井海岸（岩手県・三陸鉄道北リアス線）、浪板《なみいた》海岸（同・山田線）、大谷《おおや》海岸（宮城県・気仙沼線〔東日本大震災で不通・BRT（バス高速輸送システム）で仮復旧〕）。このうち種差・浪板・大谷の三つは平成になってから旧駅名に「海岸」を追加したもので、白井海岸は昭和五九年（一九八四）に開業した、いずれも新しいものだ。海岸という言葉が持つリゾート地的イメージが好まれた結果だろうか。ローカル線の観光振興への願いが駅名に詰まっている。東北でそれ以前から「海岸駅」と称しているのは仙石《せんせき》線の松島海岸駅だけである（昭和一九年に松島公園駅を改称）。

首都圏では京浜急行電鉄に三つもある。大森海岸、馬堀《まぼり》海岸、三浦海岸であるが、このうち大森海岸は明治三七年（一九〇四）から昭和八年（一九三三）まで単に「海岸」と称していた。おそらく日本の「海岸駅」の元祖ではないだろうか。当初は駅の近くに砂浜が続いており、海苔の養殖場がずっと沖合まで広がっていた。しかし戦後の埋め立てで海岸線は平和島競艇場の

京浜急行電鉄本線「大森海岸」駅
（東京都）

えちぜん鉄道三国芦原線「三國港」駅
（福井県）

水面に名残を留めるばかりだ。馬堀海岸も昭和四〇年代から埋め立てが進んで、砂浜は一面の住宅地に転じている。

これらはいずれも白砂青松の昔を物語るモニュメント的存在であるが、京葉線の稲毛海岸駅は埋め立てた後の開業だ。稲毛の海といえば昭和四〇年（一九六五）頃まで見渡す限りの干潟であったが、その後埋め立てが急速に進み、そこを高架で走り抜ける京葉線に同駅はできた（海から一・五キロほどあるが）。京葉線には他にも海浜幕張《かいひんまくはり》、検見川浜《けみがわはま》と、海岸にちなむ三パターンの駅名が連続しているが、幕張メッセの最寄り駅・海浜幕張駅の「海浜」は駅名としては珍しい。ついでながら、同線の内側を通っている京成千葉線のみどり台、西登戸《のぶと》の両駅は開通当初それぞれ「浜海岸」「千葉海岸」と称した。千葉の海はこの半世紀でずいぶん遠ざかったものだ。

東日本にはこの他にも小田急江ノ島線の鵠沼《くげぬま》海岸、伊豆急行の城《じょう》ヶ崎海岸、今井浜海岸があるが、なぜか西日本には少ない。山陽電鉄の林崎松江海岸（兵庫県）だけのようで、あとは通り名である広島電鉄の海岸通、長崎電気軌道の大浦海岸通、それに寺の名前を付けた海岸寺（香川県・予讃線）ぐらいのものである。

さて、鶴見線といえば京浜工業地帯の中を走る「全線が引込線」といったイメージがあるが、戦前には武蔵白石～浜川崎間に「海水浴前」という駅が昭和六年（一九三一）から一六年（一八年説も）まで存在した。もちろん当時も工業地帯のまん中だからそこで泳いだのではなく、目の前の岸壁から船が少し先の扇島の小さな砂浜へ海水浴客を運んでいたという。

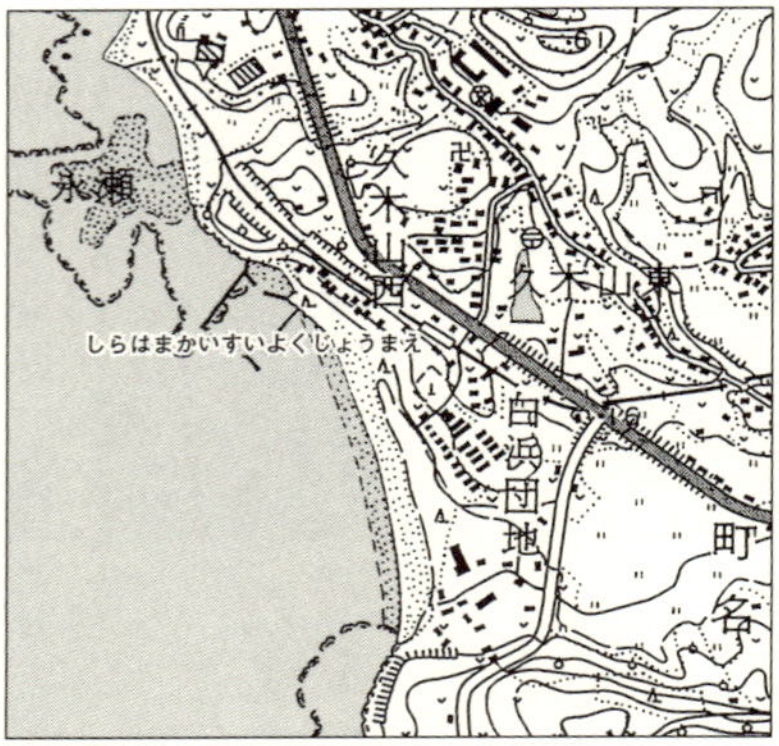

1:25,000「口之津」平成６年修正

最近は日常会話で「海水浴」という言葉があまり使われなくなったように感じるが、海水浴という名の付いた駅名も、「海岸」駅の増加と反比例するかのように減った。伊豆急行の今井浜海岸駅も、仮駅だった昭和四四年（一九六九）までは今井浜海水浴場と称したのだが、正式に駅となるにあたって「海岸」になったし、留萌本線の浜中海水浴場駅、日高本線の静内海水浴場駅などはいずれも過去に夏期限定の臨時駅で開業し、今はもう存在しない（留萌本線のこの区間はすでに廃止）。唯一の貴重な駅であった島原鉄道の白浜海水浴場前駅（右図）も平成二〇年（二〇〇八）に路線が廃止となり、消滅した。

昔は川の水泳場にも駅があった。今は子供の頃から「川には近づくな」と学校から言われるので水泳場といってもピンと来ないかもしれないが、戦前には東武東上線の入間川橋梁の東側に入間川水泳場駅が設けられたし（現埼玉県川越市小ヶ谷《おがや》・昭和二六年廃止）、こんにゃくの名産地・下仁田へ行く上信電鉄にも、鏑《かぶら》川にほど近い場所に水泳場前（昭和一三年に入野と改称、現西山名駅）があった。鉄橋近くの板張りホームから元気な子供たちがそのまま川に飛び込む、なんていう光景はもう再現されないだろうか。

意外に低い所にもある「高原」の駅

日本の代表的な高原といえば、栃木県の那須や山梨県の清里、長野県の軽井沢などが思い浮かぶが、そこにある駅は「高原」を名乗っていない。そのような駅名は長らく存在しなかったらしい。過去に存在した全駅を網羅的に調べていないので絶対確実ではないが、筆者の知る限り日本で初めて「高原」を名乗ったのは、昭和三六年（一九六一）開通の伊豆急行伊豆高原駅であった。

駅の所在地は伊東市八幡野《やわたの》で、「野」の字が示す通り天城山の溶岩が堆積した溶岩台地が広がっている。伊豆高原の駅ができてから別荘地開発が進み、森の中に別荘が点在する様子はなるほど高原的な風情だ。ただし海に近いこともあって駅の海抜は六五メートルと低い。それで

別府ロープウェイ「別府高原」駅（大分県）

伊豆急行「伊豆高原」駅（静岡県）

も別荘地の雰囲気を盛り上げるため駅名の選択はおそらく戦略的に非常に重要だったのだろう。そもそも高原が標高何メートル以上などという決まりがあるわけでもなく、高原の命名はあくまで「イメージ」に基づくようだ。

伊豆急の成功に触発されたのか、その後昭和四〇年代から高原駅は少しずつ増えていく。日本で二番目、国鉄として初めての高原駅となったのが信越本線（現しなの鉄道・えちごトキめき鉄道）の妙高高原駅（新潟県）で、昭和四四年（一九六九）のことであった。かつての田口駅を改称したものだが、妙高高原はスキー場として古くから知られ、自治体名も昭和三〇年（一九五五）に当初の妙高村から妙高々原村（翌年に町）に改称した経緯をもっており、妙高高原駅が登場した昭和四四年は、ちょうど「々」の字をやめて妙高高原町と再改称した年にあたる。ちなみに現在は合併して妙高市となった。

その後はやはり国鉄で昭和五一年（一九七六）篠ノ井線の麻績《おみ》駅が聖《ひじり》高原駅と改称、上越新幹線には昭和五七年（一九八二）に上毛《じょうもう》高原駅が設置された。それまで「上毛高原」という呼び方が存在したかどうか知らないが、上毛は上野国《こうづけ》の別称だから、新幹線駅としては「群馬県の高原」といった漠然とした駅名を付けることで、猿ヶ京温泉や三国の山々、尾瀬への玄関口としての役割を期待したのではないだろうか。

その後は国鉄会津線（現会津鉄道）に新藤原《しんふじわら》（鬼怒川《きぬがわ》温泉方面）からの野岩《やがん》鉄道が接続した日に会津滝ノ原駅から改称された会津高原駅（現会津高原尾瀬口）、同線の男鹿《おじか》高原駅が誕生（昭和六一年）、昭和六三年三月には仙山《せんざん》線の面白山《おもしろやま》仮乗降場（山形県）が面白山高原駅に、同日に花輪線の龍ケ森駅が安比《あっぴ》高原駅にそれぞれ改称されるなど、この頃になると目立って増えてくる。

1:50,000「岩柳」平成８年修正

平成に入ると二年（一九九〇）に東北新幹線の古川〜一ノ関間の新駅として「くりこま高原」駅（宮城県）が誕生、翌三年には北上線の岩手湯田駅が「ゆだ高原」駅に改称された。さらに平成四年には熊本県の阿蘇山のカルデラ内を走る南阿蘇鉄道に、ひらがなで二二文字という「日本一長い駅」とのふれこみで、「南阿蘇水の生まれる里白水《はくすい》高原」駅が登場している。その後は平成八年に長良《ながら》川鉄道の二日町駅が白鳥《しろとり》高原に、同一四年（二〇〇二）には東北本線の一部が新幹線の八戸延長開業に伴って「ＩＧＲいわて銀河鉄道」に移管されたのを機に奥中山駅が奥中山高原と改称された。

正確に数えたわけではないが、現在のところ一五駅ほどが「高原」を名乗っている（「たかはる」と読む吉都線の高原駅は除く。）。ずいぶんと各地に雨後の筍よろしく出現したものだが、このうち八つ以上が既存の駅名を改めたものであることを考えれば、必ずしも現実的に「高原」であるとは限らず、「村おこし」的に少し無理があっても承知で改名したケースがあるのは否定できない。「高原」は法律用語ではないから厳密な定義はないが、ためしに『新明解国語事典』で引いたら「山地にある、標高の高い平原。空気がかわいていて、夏は涼しい」とあった。これをあてはめれば、間違いなく多くの高原駅が脱落するに違いない。標高の高いベスト３にあたる男鹿高原（七六三メートル）、会津高原尾瀬口（七二三メートル）、聖高原（六二一メートル）などはともかく（高原というより谷間の駅もあるが）、標高が最低のくりこま高原駅はわずか二〇メートル（高架の線路はその数メートル上）。周囲は田んぼの合間に農村集落の広がる、誰が見ても平野部である。栗駒山に続く高原への「入口」と善意に解釈すべきなのかもしれないが。

木曽川・玉川上水・運河――河川名の駅

川のつく駅は思いつくままに挙げても市川、旭川、渋川、滑川《なめりかわ》など非常に多いが、ここでは「河川の名称」に限ってみよう。筆者がまず思い浮かべたのは東海道本線の木曽川駅。ここは明治一九年（一八八六）の開業当時から木曽川を名乗っているから、「川」の駅としては日本最古級ではないだろうか。

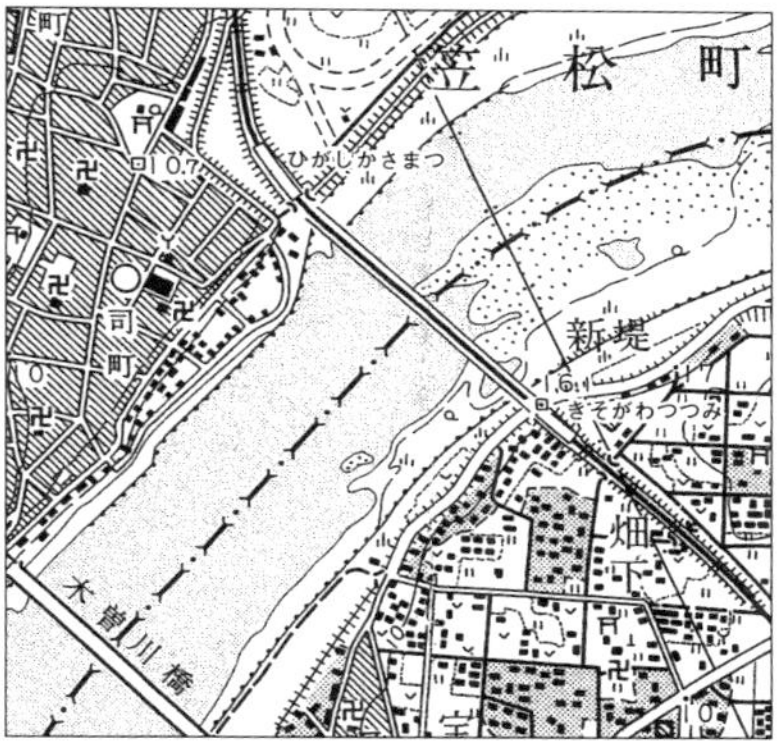

1:25,000「岐阜」平成４年修正

駅が設置された当時の所在地は岐阜県葉栗《はぐり》郡黒田町と称したが、明治四三年（一九一〇）に木造の道路橋が木曽川に架橋されたのを記念して、その年に自治体名が木曽川町に改称された。全国区の知名度を誇る川だが、きっと駅名の存在も影響したに違いない（木曽川町は平成一七年に一宮市に編入）。ちなみに最寄りの名鉄名古屋本線の駅は昔の町名と同じ黒田駅だが、ひとつ岐阜寄りにある駅はその名もズバリ木曽川堤《づつみ》と称し、文字通り堤防に片足をかけたような位置にあって、目の前に木曽川橋梁のトラスが見える。

名古屋鉄道名古屋本線「木曽川堤」駅
（愛知県）

京浜急行電鉄本線「六郷土手」駅
（東京都）

堤防そのものを指す駅名は他にもいくつかあるが、東京では京浜急行の六郷土手駅。こちらも木曽川堤と同様、ホームは堤防に近い。土手には少し遠いけれど堤を名乗るのが南武線の稲《いな》田堤《だづつみ》駅で、もともとの所在地は菅《すげ》という地名だが、明治三一年（一八九八）に改修された多摩川の堤防に村民が総出で桜の木を植えたものが成長し、観桜の名所となっていた。昭和二年（一九二七）の開業当時は私鉄・南武鉄道で、駅名を決める際に誘客を意識して「菅」ではなく稲田堤としたのだろう。

川に身を乗り出した駅としては東急田園都市線・大井町線の二子玉川駅が有名だが、完全に川幅いっぱいにホームが跨っているのが阪神電気鉄道の武庫《むこ》川駅。阪神間には川のつく駅名が目立つが特に阪急沿線に多く、大阪から順に挙げれば神崎川、夙川《しゅくがわ》、芦屋川の各駅があり、神崎川は堤防のすぐ東側、あとは夙川、芦屋川ともにホームが川を跨いでいる。

さて、東海道本線には木曽川以外にも川の駅名が多い。中央山岳地帯から太平洋へ南流する大河が多いことが反映されている印象だが、東京の方から挙げると早川（小田原市）、富士川《かわ》

近鉄信貴線「服部川」駅（大阪府）

JR 日高本線「鵡川」駅（北海道）

（富士市）、安倍川《かわ》（静岡市）、菊川（菊川市）、天竜川（磐田市）。河川名が転じて地名になったものも含まれているが、このうち富士川駅は岩淵《いわぶち》を昭和四五年（一九七〇）に改称、菊川駅は堀ノ内を昭和三一年（一九五六）に改称したものだ。いずれも自治体名に合わせたものである（富士川町は現在富士市）。

逆に川の駅名を改称したのが京成押上線の荒川駅（平成六年に八広駅に改称）、そして中央本線の浅川駅である。後者は多摩川の支流の浅川に由来するが、やはり開業時の自治体・浅川村（その後浅川町）の名を採用したものだ。昭和三四年（一九五九）に八王子市に編入された二年後、有名な高尾山にちなんで高尾駅となった。川の駅名から山の駅名への転身である。

人工河川を名乗る駅もある。西武拝島線と多摩モノレールには玉川上水駅があるが、駅のすぐ目の前を上水が流れており、モノレールは駅の南側で玉川上水を跨ぐ。愛知県には名鉄犬山線にちょっと難読の木津《こっつ》用水駅。電車は駅の約二〇〇メートル東側で用水を渡るが、この用水は犬山城の少し下流にあるライン大橋付近で木曽川から取水して南下している。ついでながら用水名になった犬山市の地名は「こっつ」と読む。

東武野田線にはそのものズバリの運河駅（千葉県野田市）があるが、こちらは明治時代に利根川筋と東京方面の水運を便利にするため明治二三年（一八九〇）に開削された利根運河にちなむものだ。利根川と江戸川を結ぶ運河で、これにより銚子～東京間の所要時間が六時間も短縮されたというから革命的だったが、ほどなく鉄道の時代に入り、せっかくの運河の水運も衰退していった。駅は運河の南側にあるが、東京理科大の最寄り駅でもある。

珍しい駅名としては島根県を走る一畑電車の川跡《かわと》駅。文字通り斐伊《ひい》川の旧河道、まさに川の跡を意味するが、駅名は昭和一六年（一九四一）まで存在した旧川跡村にちなむものだ（現出雲市）。明治二二年（一八八九）に町村制施行で五村が合併した際、一帯が斐伊川の旧河道にあたることから名付けられたものだが、今は正式な町名としては存在しない。

相模湖・田沢湖・河口湖――湖の駅

高原の白樺と湖畔。このような風景は都会人にとって良いイメージがあるようで、わざわざ既存の駅名を「高原駅」に改称する気分に似て、湖も同様に人気があるようだ。平成になってから改称された駅名では、ＪＲ北上線ゆだ錦秋湖《きんしゅうこ》駅が平成三年（一九九一）がある。もとは陸中大石駅と称したものを、湯田ダムによって誕生した錦秋湖にちなんで改称した。同線内では陸中川尻駅が「ほっとゆだ」に、岩手湯田駅が「ゆだ高原」に同時期に改称されているが、高原・湖・温泉をワンセットで一挙に揃えたのは珍しい。

昭和六〇年（一九八五）前後は「湖駅」の開業・改称が目白押しで、思えばバブル絶頂期に誕生した「リゾート法」の一連の動きにつながる、「日本全国・総保養地志向」が強まっていた頃だ。鹿島臨海鉄道大洗鹿島《おおあらいかしま》線には北浦湖畔駅が設けられ（昭和六〇年）、磐越西《ばんえつさい》線には猪苗代湖畔駅もできた（昭和六一年開業・平成一九年休止）。

廃止対象となった国鉄二俣線が昭和六二年（一九八七）に第三セクターに転換された鉄道の名前はズバリ「天竜浜名湖鉄道」であり、二俣線時代からの佐久米駅は三セク移行と同時に「浜名湖佐久米《さくめ》」と湖名が冠され、翌年には奥浜名湖駅も新設された。中央本線の岡谷～塩尻間が昭和五八年に塩嶺《えんれい》トンネルの開通で大幅にルートを短絡した際にもみどり湖駅が設置されている（みどり湖は小さな溜池だが）。また、大井川鐵道井川《いかわ》線が長島ダムの建設で線路を付け替えた際には、人造湖の奥大井湖を渡るレインボーブリッジのまん中に奥大井湖上駅を作った。文字通り湖が見渡せる所だ。

さて、湖のつく駅は「高原駅」と違って戦前からある。今もある駅では小海線の松原湖駅。国鉄小海線が小海から佐久海ノ口《くち》まで昭和七年（一九三二）に開業した時に設置されている。松原湖という名前は、駅から坂道を上った八ヶ岳の溶岩台地の上にある湖沼群の総称だったものだが、そのうち最大の猪名《いな》湖のことを指すようになった。

戦後はダムによる人造湖が激増していくが、その嚆《こう》矢《し》たる存在が神奈川県の相模湖で、この名前は竣工当時の県知事が命名したものである。その北側を通過する中央本線の駅は、明治の開業以来ずっと宿場町の名である与瀬《よせ》を名乗っていたが、昭和三一年（一九五六）に相模湖と改められた。ただしこちらは行政区画としての与瀬町が「昭和の大合併」で相模湖町（現相模原市）となった翌年の改称だから、観光目的というよりは町名に合わせた改称という側面が強い。

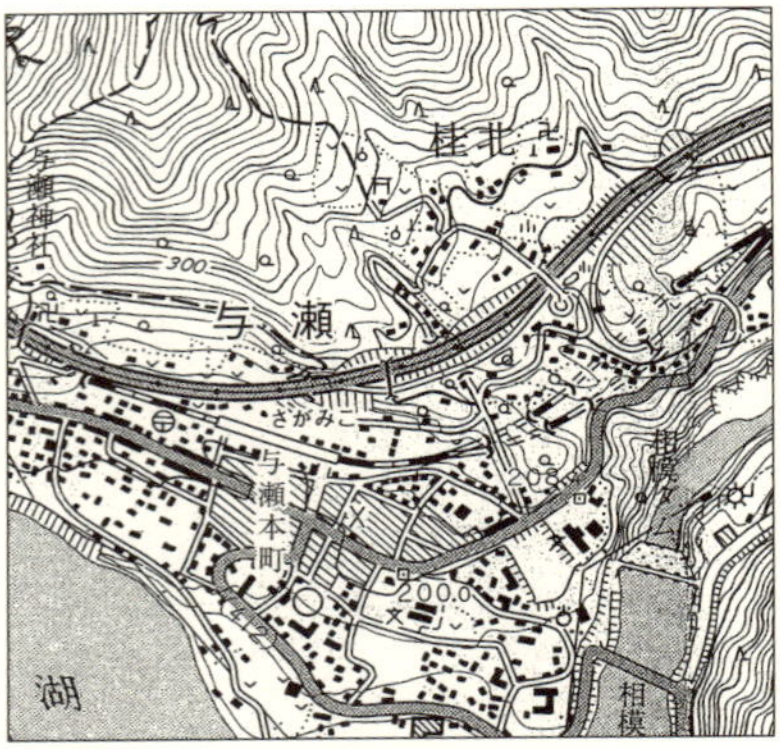

1:25,000「与瀬」昭和63年修正

同様に秋田県の田沢湖でも、同時期の昭和三一年（一九五六）に合併で田沢湖町が誕生、その後は生保内《おぼない》駅が昭和四一年（一九六六）に田沢湖と改称された。さらにこの年、秋田県の生保内線と岩手県の橋場《はしば》線が結ばれて盛岡〜大曲が全通、田沢湖線に改められている。線名に湖がつくのは珍しい。

湖がつく線には前述の天竜浜名湖線の他に富士急行河口湖線、ＪＲ湖西線とその愛称である琵琶湖線、そして西武多摩湖線があるが、多摩湖線の終点はトレンドに「逆行」して多摩湖駅

西武鉄道山口線「西武球場前」駅
（埼玉県）

富士急行河口湖線「河口湖」駅
（山梨県）

から西武遊園地と改称している。同時期にやはり西武の狭山線の終点・狭山湖駅が西武球場前に改められているが、湖より集客力のある施設名をアピールする方を選んだということだろう。

ちなみに、西武遊園地駅の前身である多摩湖駅は、戦前の東京の有力観光地であった村山貯水池（通称・多摩湖）の最寄り駅をアピールして、そのまま村山貯水池駅と称していた（場所は現在地より南側）。多摩湖線の名は昔の多摩湖鉄道を引き継いだものであるが、戦前の旧西武鉄道（現西武園線）はその至近距離に村山貯水池前駅を置いた（現存せず）。また武蔵野鉄道（現西武池袋線系統）も村山貯水池際《ぎわ》駅（現西武球場前の少し南側）を設けている。三種類のまぎらわしい駅が貯水池の周囲に並ぶこととなり、三社がこの「大観光地」への誘客を競った。当時の乗客もだいぶ混乱したに違いないが、いずれにせよ、湖水が人を引きつける力というのは、たいしたものである。

国道・産業道路・俊徳道――「道の駅」あれこれ

一般道にもサービスエリアのような施設があればいい、ということで作られたのが「道の駅」だ。旧建設省が主導したヒット施策で、今や一、一四五か所（平成三〇年四月二五日現在）の「道の駅」が全国各地に根を下ろしている。「駅は鉄道施設」という常識が「道の駅」という発想を生んだのだろうが、そもそも駅という字は「早馬」を意味し、古代に官道の途中に伝《てん》馬《ま》用の馬を置く施設を指した。馬の乗り継ぎだけでなく休憩や食事ができる場所であり、後に宿場と呼ばれるようになるが、明治以降は宿駅の制度は廃止された。

代わって登場したのが鉄道で、汽車が止まる場所は当初「停車場」と呼ばれていたが、いつしか「駅」と呼ぶようになったのである。本来的に駅は道のものなのだが、最近ではローカル線を中心に「道の駅」が駅舎を兼ねるケースも増えている。こうなるとどちらが「本家」かわからないが、浜小清水《はまこしみず》駅（北海道・ＪＲ釧網《せんもう》本線）、陸中野田駅（岩手県・三陸鉄道北リアス線）、湯西川《ゆにしがわ》温泉駅（栃木県・野岩《やがん》鉄道）、九頭竜湖《くずりゅうこ》駅（福井県・ＪＲ越美北《えつみほく》線）などがそうだ。

「道の駅」とは意味合いは違うが、「道」の名前をもつ鉄道の駅も存在する。東京都日野市には多摩都市モノレールの甲州街道駅があるが、これは甲州街道との交差地点より少し南側に設けられた。東海道という駅はないが、ＪＲ鶴見線には現東海道・第一京浜国道（国道一五号）

との交差地点に、その名も国道駅がある。開業は戦前の昭和五年（一九三〇）に遡るもので、京浜工業地帯の大工場を株主とした私鉄・鶴見臨港鉄道が設けた駅である。高架下には当初から商店が入居して注目された。今も駅の構造は開業当時からほとんど変わっていないが、商店のほとんどは店を閉じており、ホームのドーム状の屋根を含め、ここだけ時間が停まったかのようなたたずまいである。

兵庫県西宮市には阪急今津線に阪神国道駅があるが、こちらはもう少し古くて昭和二年（一九二七）。その名の示す通り阪神国道・国道二号を跨いだ北側に設けられた。所在地は津門《つと》大塚町だが、駅が開業した年に開通した阪神国道は、当時の常識を破る破格の幅員二七メートル。中央に阪神国道線の路面電車が通る大通りで、まだ田園地帯が目立つ所もあった当時は「飛行機でも飛ばすのか」と揶揄されたほどという。それまでの阪神旧国道が幅員わずか三・五メートルであったことを考えれば、道路名を駅名に採用したのも頷ける。

JR越美北線（九頭竜線）「九頭竜湖」駅（福井県）

京浜急行大師線には産業道路という駅があるが、京浜工業地帯の動脈・産業道路の西側だ。八車線あるのに今でも踏切を続けていて、遮断桿が何本もズラリと降りて自動車をすべて止め、しずしずと電車が通り過ぎるのはなかなかの光景である。他に大通りの駅としてはそのものズバリの

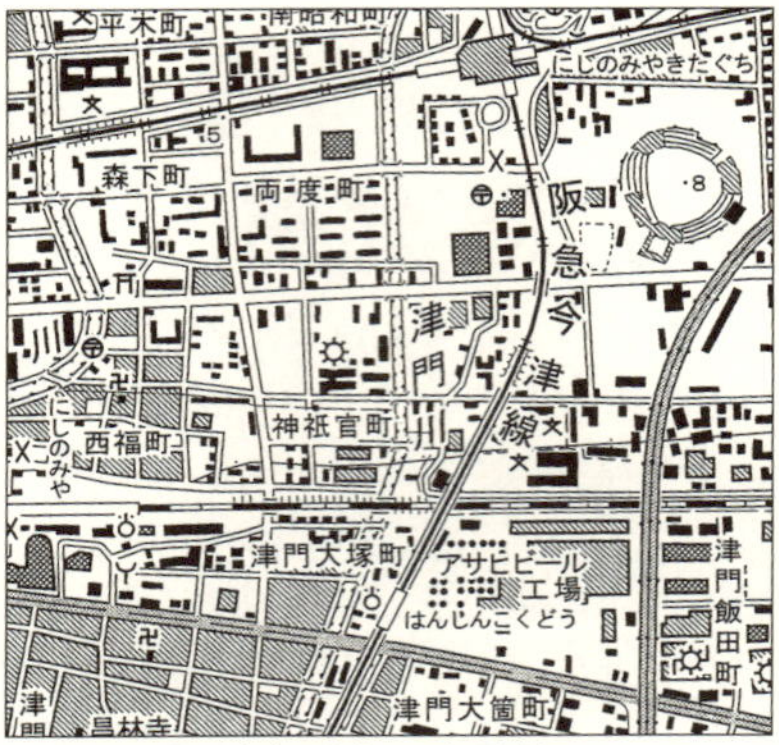

1:25,000「西宮」平成 15 年更新

京浜急行大師線「産業道路」駅
（神奈川県）

阪急電鉄今津線「阪神国道」駅
（兵庫県）

大通駅。札幌市営地下鉄南北線と東西線の交差駅で、札幌オリンピックを機に南北線が開通した昭和四六年（一九七一）に登場した。

東京メトロには表参道駅がある。大山街道（青山通り）から明治神宮に至る表参道の起点に設けられた駅で、昭和一三年（一九三八）の開業当時は青山六丁目。その後神宮前を経て同四七年（一九七二）から現駅名になっている。この道は大山街道から明治神宮へ入る「表参道」で、大正九年（一九二〇）の開通当時としては異例に幅広い西洋式の並木道《ブールヴァール》として誕生、立派に育った欅《けやき》並木は心地よい木陰を提供している。地下鉄の駅名が表参道と改められてから、道そのものを指すだけにとどまらず、周辺地域を示す通称地名にもなった。

西日本鉄道天神大牟田《てんじんおおむた》線の朝倉街道駅は甘木《あまぎ》や杷木《はき》（いずれも朝倉市）方面へ向かう道の名をとったもので、現在も交差地点にあるこの駅には急行も止まり、朝倉街道を南東へ向かうバスへの乗換駅として機能している。

街道のつく駅では他に青梅街道（西武多摩湖線）、鳥羽街道（京阪本線）などがあるが、関西では「○○道」が目立つ。たとえば阪堺《はんかい》電気軌道の我孫子道《あびこみち》駅は我孫子の我孫子観音へ通じる道で、阪急神戸線・阪神本線にある春日野道《かすがのみち》駅も明治期にできた春日野墓地への道をそう呼んだ。近鉄大阪線の俊徳道《しゅんとくみち》駅の駅前を通る通称・俊徳道は奈良時代に平城京と難波《なにわ》を結ぶ古い道だが、その名称は歌舞伎や人形浄瑠璃の登場人物・俊徳丸にちなむという。「道」のつく駅はその名の道という場合もあれば、「○○へ行く道」ということもあって、後者だと「遠いけど通じてます」というニュアンスになるわけで、少し注意が必要かもしれない。高知市から南国市を走るとさでん交通後免線（土佐電鉄）には介良《けら》通、領石《りようせき》通、小篭《こごめ》通など「通」のつく停留場がいくつかあるが、こちらもそれぞれ介良、領石、小籠《こごめ》へ向かう道を意味している。

高尾・駒ケ岳・のの岳——山の駅

平成二一年（二〇〇九）は中央本線が甲武鉄道として新宿〜八王子間を開業して一二〇周年

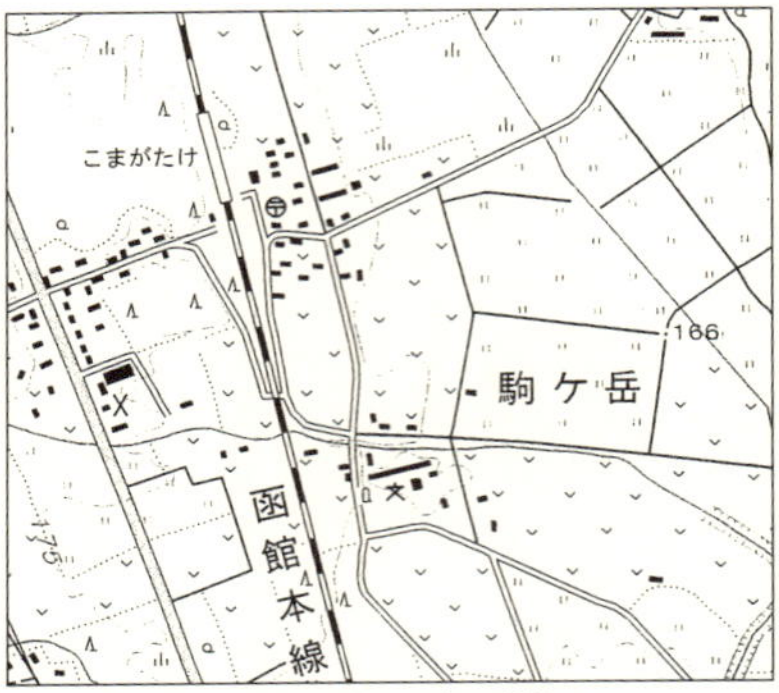

1:25,000「姫川」平成 17 年更新

JR 中央本線「高尾」駅（東京都）

にあたり、各地で記念イベントが開かれた。明治二二年（一八八九）の開業当初は蒸気機関車に牽かれて一日数往復が通るのみであったが、今は朝のラッシュ時に快速電車が最短二分間隔の高密度で運転されている。その電車の終点は前述のように長らく「浅川」と称していた。村域を流れる川の名にちなむ浅川村（後に浅川町）にならった駅名で、「川の駅」の項で述べた通り昭和三六年（一九六一）に高尾駅と改称している。川の駅名から山の駅名への転身であるが、快速電車の終点だけあって知名度は圧倒的で、都心部や三多摩在住の人たちが電車の行先表示を見て「そうだ、日曜には高尾山でも行くか」と思った人は膨大な数に上るに違いない。

　全国を見渡してみると、山名を付けた駅は意外に多い。函館本線には特徴的な形をした道南の火山・駒ケ岳の山麓に駒ケ岳駅がある。明治三六年（一九〇三）に開業した時には宿野辺《しゅくのべ》駅だったが翌年に駒ケ岳駅と改め、すでに一世紀以上が経過している。ホームから牧場越しにその雄姿が見られるので、まさに看板に偽りのない駅だ。

山陰本線には大山口《だいせんぐち》駅がある。こちらは大山の直下にある大山寺までバスで三〇分。ついでながら同線には米子の近くに伯耆《ほうき》大山《だいせん》駅もあるが（大正六年までは大山駅）、大山口駅が大正一五年（一九二六）にできる以前は米子から大山へ向かう「大山道」が駅の近くを通っており、遠いながらも大山の入口ではあった。

それほど高く目立つ山でなくても、信仰の山として寺社が置かれ、そこへ往き来する乗客が期待できる場合は駅名にも採用される。ただしその山への入口という意味合いで、かなり遠い場所に設けられることもあるので要注意だ。

青梅線の御嶽《みたけ》駅は昭和四年（一九二九）から一九年まで前身・青梅電気鉄道の終点だった。御岳山への入口だが少々離れていて、山頂へ行くにはバスでケーブル下（滝本）まで一〇分、さらにケーブルカーで六分登る必要がある。湖西線の比叡山坂本駅はかつて山の略称をとっ

京阪電気鉄道綱索線（男山ケーブル）「男山山上」駅（京都府）

仙台市営地下鉄東西線「八木山動物公園」駅（宮城県）

て叡山《えいざん》駅と称したが、地元の地名である坂本を追加し、誰もがわかりやすい形にしたようだ。ここもやはりケーブルカーで上がっていくが、山麓の坂本駅までは、この地名が比叡山の麓すなわち「坂の元」であることを実感できる坂道が待っている。

鉄道の駅やバス停とケーブル駅が直結していないことが多いのは、土産物店などの意向を反映しているものが多いようだが、「有り難い山」「霊験あらたかな山」へ登るための重要な儀式なのかもしれず、不便さを嘆くよりそのアプローチを楽しみたいものである。それとは反対に、富山地方鉄道の立山駅（昭和四五年まで千寿ケ原《せんじゅがはら》駅）はケーブルカーの駅には近いが、登ってからのバスが長い。

山名が付いていても、場合によっては寺の「山号」ということもある。たとえば伊豆箱根鉄道大雄山《だいゆうざん》線（小田原～大雄山）は開業時には大雄山《だいゆうざん》鉄道という会社で、大雄山最乗寺への参詣客輸送を目的に敷設された。株主にも最乗寺とその信徒などが名を連ねていたそうだ。寺は終点の大雄山駅からバスに乗り換えて坂道を一〇分上った所にあるが、箱根火山の外輪山の中腹なので山頂ではない。

田んぼのまん中にあって山を名乗るのが気仙沼線の「のの岳」駅。平仮名のこともあって奇妙な印象であるが、本来は駅から約四キロ西に離れた篦岳《ののだけ》観音で知られる篦岳（標高二三六メートル）にちなむ。昭和三〇年（一九五五）までは篦岳村も存在したから、旧村の名前を付けたイメージかもしれない。開業は昭和四三年（一九六八）であるから「当用漢字」の規制がうるさかった時代だ。「篦」などという難しい字は「国鉄の駅名」として使わせてもらえなかったのだろうか。

新橋・日本橋・参宮橋——橋の駅

首相が替わったり有名人が引退したり、たばこ税が上がったり、といった出来事があるたびにテレビ局はなぜか新橋駅付近で街頭インタビューをする。オフィス街であり飲み屋街でもある新橋なら「サラリーマンの本音」が聞ける、という考え方だろうか。

新橋といえば日本で初めて鉄道が正式営業した時の始発駅だ。現在では駅の所在地も「港区新橋二丁目」であり、誰もが新橋の駅名を「地名だから付けた」と信じて疑わないのだが、実は新橋が町名になったのは昭和七年（一九三二）とかなり新しい。それ以前は新幸町とか二葉町、芝口、汐留町、日影町、烏森《からすもり》町、愛宕下町、源《げん》助《すけ》町、露月《ろうげつ》町など多数の小さな町に分かれており、「新橋」という町名はなかったのである。

阪神電気鉄道阪神なんば線「千鳥橋」駅（大阪府）

西武鉄道池袋線「中村橋」駅（東京都）

汐留川には江戸時代から旧東海道に「新橋」が架かっており、交通の要衝に位置していた。日本初の鉄道もこの橋の南詰にあった広大な大名屋敷跡地に建設され、駅名には目の前の橋の名が採用された。この駅を「東京」という駅名にしなかった理由は聞いたことがないが、鉄道をシステムまるごと英国から直輸入した当時のことだから、おそらく英国人から「ロンドンにロンドン駅なし、パリにパリ駅なし」という事実を伝え聞き、橋の名に決めたのではないだろうか。開業以前には「汐留停車場」とする予定だったそうだが、特に新橋が交通の要衝だから誰もが知るポイントで「地点特定機能」が高く、それゆえの採用ではないだろうか。

昭和七年（一九三二）の町名への採用で大いに勢力を拡大した新橋だが、肝心の新橋そのものは戦後に汐留川が埋め立てられたのに伴って親柱を残して姿を消し、新橋は実体ある橋から「橋地名」へと変貌を遂げたのであった。そのような例は多く、すぐ近くの京橋もそうだ。やはり江戸時代に東海道が濠を渡る所に架けられ、東京市電の停留場名から日本最初の地下鉄・現東京メトロ銀座線の駅名に引き継がれた。こちらもやはり昭和六年（一九三一）に町名となっている。日本橋もやはり橋の名から町名に転じているが、日本橋は京橋とともに昭和二二年（一九四七）まで区名でもあった。さて、ニホンバシと読めば東京だが、大阪の日本橋は

近鉄南大阪線「大阪阿部野橋」駅（大阪府）

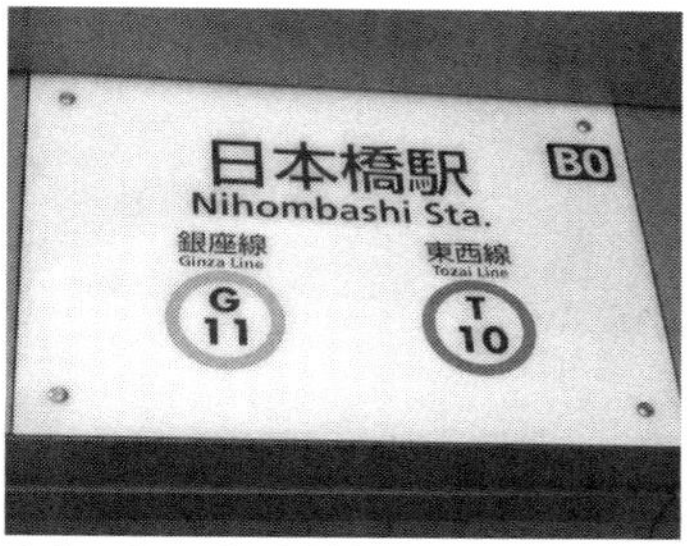

東京メトロ「日本橋」駅

ニッポンバシである。こちらも道頓堀に江戸時代から同名の橋が架かっており、大阪の地下鉄堺筋《さかいすじ》線に日本橋駅（近鉄難波線は近鉄日本橋駅）がある。

このように現存・消滅含めて、実際の橋の名に由来する駅名は非常に多い。ざっと挙げると東京では江戸川橋（地下鉄有楽町線。江戸川は神田川の旧称）、飯田橋、水道橋、浅草橋（中央・総武線）、二重橋前（地下鉄千代田線）、千住大橋（京成本線）など、関西では特に「水の都」大阪に多く、地下鉄や各私鉄を含め、渡辺橋・なにわ橋（橋の名は難波橋）、肥後橋、天満橋、京橋、長堀橋、淀屋橋、心斎橋、汐見橋、芦原橋、四ツ橋などがひしめいている。このうち四ツ橋は西横堀川と長堀川が直交する地点にちょうど井桁の形に架かっていた上繋橋《かみつなぎばし》・下繋橋・炭屋橋・吉野屋橋の四つの橋の総称である点が変わり種だ。

以上取り上げてきた橋はいずれも水面上の橋だが、陸橋の駅名もある。代表格は大阪阿部野橋駅（近鉄南大阪線）だろうか。この橋はＪＲ天王寺駅前で大阪環状線と関西本線を跨ぐ道路橋

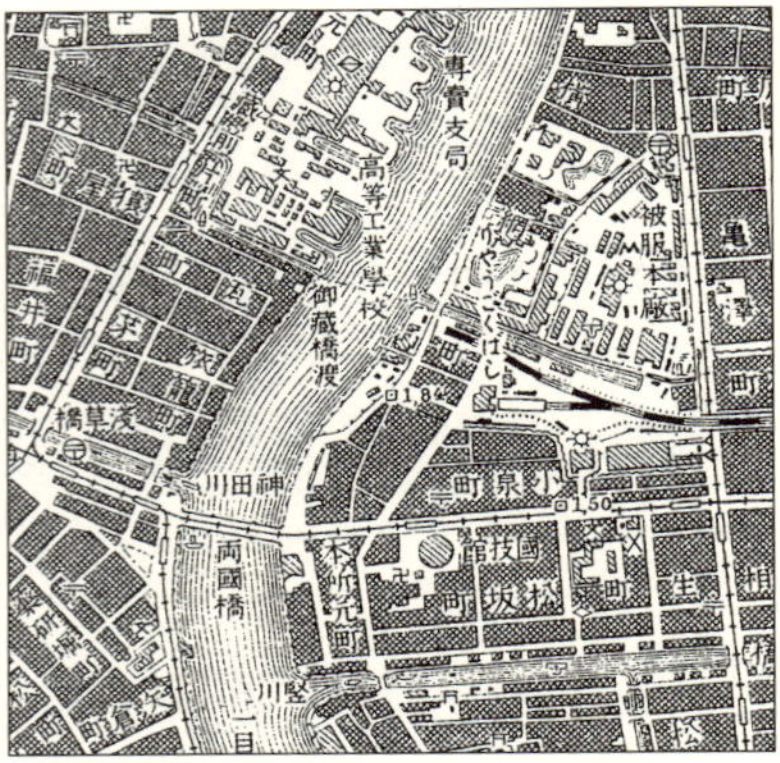

1:25,000「東京首部」大正８年鉄道補入

で、明治二二年（一八八九）以来の阿倍野橋にちなむ。駅名が「部」の字を用いるのに対して橋の名は「倍」と異なるけれど、いずれの表記も古くから使われてきた。

東京では都営新宿線の曙橋駅も陸橋にちなむ。ここで谷底をたどる靖国通りの上を南北の台地を通る外苑東通りが跨いでいる。小田急の参宮橋駅はその名の通り明治神宮へ向かう西参道が小田急線を越える跨線橋だ。自分を跨ぐ橋の名を駅名にするのも妙なものだが、「明治神宮への近道」を伝える駅名なので、遠来の客には便利だったのだろう。

「橋」と名乗らないのに橋が由来なのは総武本線両国駅。明治三七年（一九〇四）の開業から昭和六年（一九三一）までは両国橋駅と名乗っていた。橋の名は江戸初期までの下総・武蔵の国境が隅田川であったため、両国を結ぶことからその名が付いたが、その後は橋の両側が通称で両国と呼ばれるようになる。昭和に入って正式に町名に採用されたことも背景にあって「橋」を外したのだろう。

第4章

昔を今に伝える駅

JR鹿児島本線「門司港」駅（福岡県）

JR予土線
「土佐大正」駅
（高知県）

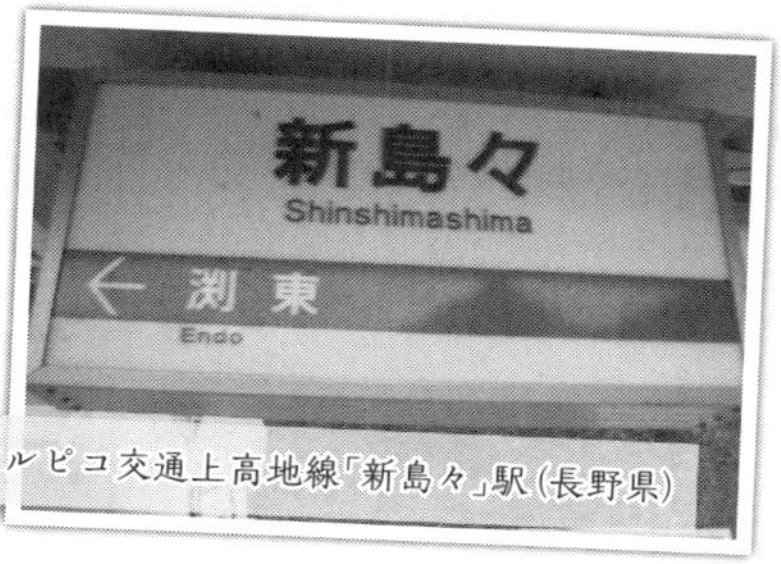

アルピコ交通上高地線「新島々」駅（長野県）

国鉄広尾線「幸福」駅（1987年廃線・北海道）

北九州駅・さいたま駅はありません――市名と一致しない駅名

市名と駅名が一致しないところは意外に多い。「平成の大合併」で市名が各地で変わったので不一致駅はさらに増えているが、一般的に駅名は主要な都市や集落の名を称することが多く、たとえば横浜駅や名古屋駅、岡山駅、高知駅などは、市内のいくつもの駅の中でも市の玄関口としてふさわしく、いずれも市名を名乗っている。ここで取り上げるのは市の「代表駅」でありながら市名とはまったく異なるケースである。

ただ、いくつかの有力な都市が対等合併で誕生した広域の市の場合は、駅名を新市名に合わせず、従来のままという傾向があるようだ。たとえば北九州市は昭和三八年（一九六三）に合併してからも、以前からの旧市名を名乗る門司・小倉・戸畑・八幡・若松の各駅は従来のまま存続したのだが、新幹線の駅と市役所が存在する小倉駅を「北九州駅」などと改称してはいない。また、平成の大合併で大宮・浦和・与野の三市（後に岩槻市も）が合併したさいたま市でも駅名は従来のままだ（さいたま新都心という駅はあるが、代表駅とはいえない）。

対等合併で誕生した市の場合、必ずしも市役所の所在地がその新しい市の中心地とはいえないし、住民の旧市名への愛着も強い。それらが駅名を簡単には変えられない理由だろう。愛媛県の四国中央市は川之江市・伊予三島市ほか二町村が合併したものだが、愛着はともかく、市

関東鉄道竜ヶ崎線「竜ヶ崎」駅（茨城県）

JR 東海道新幹線「名古屋」駅（愛知県）

役所に近い伊予三島駅を「四国中央駅」などと簡単に改称するわけにはいかないようだ。

常磐線の平《たいら》駅は、昭和四一年（一九六六）に城下町の平市を含む一四市町村合併でいわき市が誕生した後も長らく平駅を名乗り続けてきたが、市制施行から二八年も経った平成六年（一九九四）に遅まきながら「いわき駅」に改称した。新市名がようやく定着したということなのか、市名をもっとアピールしたいと考えたのか、いわき市の商工会議所を中心とする「ＪＲ活性化推進協議会」が改称費用約一億四千万円をＪＲに払って改称してもらったそうだ。

広域の地名として旧国名を選んだ市の場合は従前の駅名を守っているところが目立つ。たとえば石川県の加賀市。その中心市街地にある大聖寺《だいしょうじ》駅も、かつての大聖寺町の名のままである。もし仮に「加賀駅」などと改称してしまったら、どうしても百万石の大藩（もしくはその中心地たる金沢）を思い浮かべ、漠然としてしまうだろう。

他にも岡山県備前市は備前片上《かたかみ》駅（ＪＲ赤穂《あこう》線）、福岡県筑《ちく》

JR東北本線・大船渡線「一ノ関」駅（岩手県）

JR参宮線・近鉄山旧線「伊勢市」駅（三重県）

後《ご》市は羽犬塚《はいぬづか》駅（ＪＲ鹿児島本線）、福岡県豊前《ぶぜん》市は宇島《うのしま》駅（ＪＲ日豊本線）など、旧称のままであるが、そもそも国名を市名に選んだ市はその「国」の中でも小規模な市が多く、国名をそのまま駅名にすることに対する違和感が背景にあるのではないだろうか。

その解決策として、駅名が市名であることを強調する形で「市」を付けた駅名も多い。たとえば出雲市駅や長門市駅（いずれもＪＲ山陰本線。旧称は出雲今市《いまいち》・正明市《しょうみょういち》）、伊勢市駅（参宮線・近鉄山田線。旧称は山田）、美濃市駅（長良川鉄道。旧称は美濃町《まち》）がそれだ。平成の大合併では岩手県に奥州市が誕生したが、奥州＝陸奥国といえば九州に匹敵する面積を持っていることもあり、さすがに水沢駅（東北本線）や水沢江刺駅（東北新幹線）などを「奥州市駅」などと改める気配は今のところなさそうだ。

平成の大合併でも新たな「国名の市」がいくつも誕生したが、北陸本線の武生駅が「越前駅」、飛騨古川駅が「飛騨駅」、修善寺駅が「伊豆駅」などと改称しようとすれば、いずれも

東京メトロ丸ノ内線「四ツ谷」駅

JR 奥羽本線「鷹ノ巣」駅（秋田県）

ブランド価値の大きな旧国名だけに、周辺自治体などから相当に強烈なブーイングが巻き起こるのではないだろうか。ついでながら修善寺のある伊豆市の北隣にある伊豆の国市には韮山《にらやま》駅、伊豆長岡駅などがあるが、将来どちらかが「伊豆の国駅」になるというのも考えにくい。

　表記が市名と微妙に異なる駅もある。たとえば岩手県一《いちの》関《せき》市の一ノ関駅。東北本線と東北新幹線の駅であるが、市名とは長年不一致であった。いわゆる「ノ・ツ・ケ」が付く地名は歴史的な経緯から何通りかの表記があり、駅名が決められた時期などによって異なることは珍しくない。

　岐阜県各務原《かかみがはら》市にあるＪＲ高山本線の各務ケ原駅も同様で、兵庫県の西宮市でもＪＲ東海道本線の駅名は平成一九年（二〇〇七）まで西ノ宮と表記していた。秋田県の奥羽本線鷹ノ巣駅も地名は長らく鷹巣町だった（現北秋田市）。ケとヶの違いも難しく、現在のＪＲではすべて大文字扱いになっているため、神奈川県茅ヶ崎市の茅ケ崎駅など、市名と異なる場合がある。逆に龍ケ崎市は市名が大きなケであるのに対して

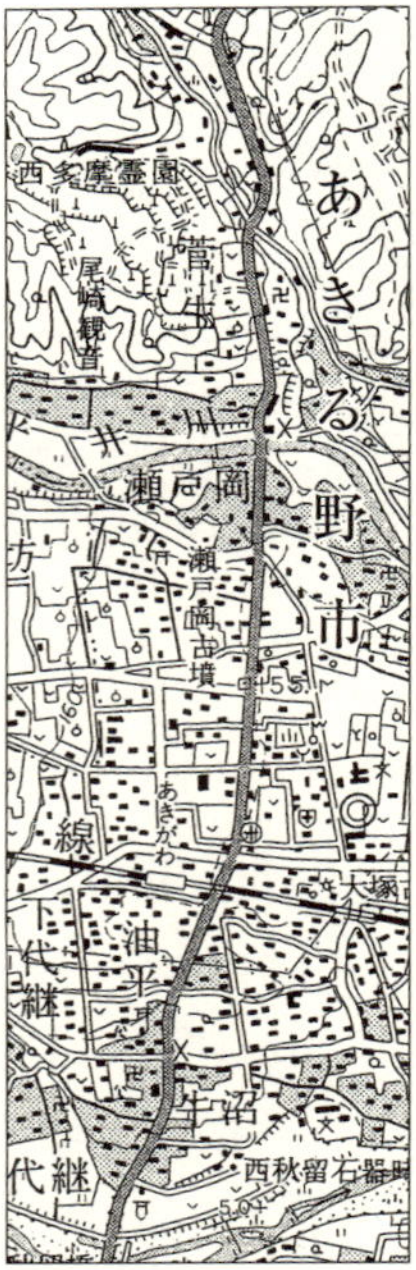

1:50,000「青梅」平成9年要部修正

関東鉄道竜ヶ崎線の竜ケ崎駅は「ヶ」と小さく、さらに「りゅう」も龍・竜と異なる。そもそも「ヶ」は読みを助けるための助字であり、モノや人を数える語の个（個・箇と同意）が変形したもので片仮名のケとは別物だ。

またこれは市名ではないが、新宿区四谷（かつての東京市四谷区）と中央本線の四ツ谷駅の表記は昔から異なっており、東京メトロ丸ノ内線の駅は四ツ谷と四谷三丁目が隣り合っているという不一致ぶりである。不一致といえば神戸市のJR三ノ宮駅と阪急・阪神の神戸三宮駅は隣接しているのに違う。

漢字の新旧字体などの扱いで異なるケースもあり、たとえば宮城県塩竈市の塩釜駅（こちらの表記は塩竈市役所も公式に認めている）、大阪府四條畷市の四条畷駅（JR片町線）、奈良県五條市（JR和歌山線）の五条駅などである。

さて、逆に市名と駅名が以前は一致していたのに現在は異なる、という場合もある。たとえば佐賀県武雄市では昭和五〇年（一九七五）にJR佐世保線の武雄《たけお》駅を武雄温泉に改称したし、市ではないが山梨県の石和《いさわ》駅（当時は石和町、現笛吹市）も平成五年（一九九三）に石和温泉と改めている。山形県の上山《かみのやま》市にあるJR奥羽本線（山形新幹線）の駅は上ノ山と「ノ」が入っていて微妙に違う駅名だったのだが、平成四年（一九九二）には平仮名化+温泉付きで「かみのやま温泉」となった。

「平成の大合併」では従来異なっていた自治体の読みを駅名に合わせて改めたところもある。たとえばJR東海道新幹線の駅があり、JR北陸本線の起点でもある滋賀県の米原《まいばら》駅の所在地。ここは長らく米原《はら》町と称していたが、合併・市制施行を機に駅名に合わせて濁点を付けたものだ。古い話だが、北海道の旭川市でも駅だけ「あさひがわ」と濁っていたのを昭和六三年（一九八八）に濁点を外している（もっとも明治三八年までは「あさひかわ」だった）。

必ずしも新しくない「新○○」駅

新幹線には「新」のつく駅が多い。新横浜、新富士、新大阪、新神戸、新倉敷、新尾道、新岩国、新下関（以上東海道・山陽新幹線）、新八代《やつしろ》、新水俣（九州新幹線）、新白河、新花巻、新青森（東北新幹線）、新函館北斗（北海道新幹線）、新高岡（北陸新幹線）と全国に一五駅ある。このうち新倉敷は玉島駅、新下関は長門一ノ宮駅、新白河は磐城西郷《にしごう》駅をそれぞれ改称したもので、いずれも在来線の駅であったが、新幹線の乗り入れを機に、市の代表駅として遠来

JR 釜石線「新花巻」駅（岩手県）

JR 北海道新幹線「新函館北斗」駅（北海道）

名古屋鉄道羽島線「新羽島」駅（岐阜県）

の客にも通じやすいように、という意図が込められたものだろう。

これら新幹線の「新つき駅」のうち半数以上にあたる八駅を東海道・山陽新幹線が占め、東北新幹線に三、九州新幹線が二、北陸に一、上越には存在しない。在来線への乗り入れとなる「ミニ新幹線」の山形・秋田両新幹線に「新」がないのはちょっと意外だが、比較的最近に開設された新幹線の駅名（ミニ新幹線を含む）を見ると、くりこま高原、さくらんぼ東根、安中榛名など、近くの名山や名産などを織り込んだものが目立つ。新幹線が登場したばかりの時代には「新」はそれだけで新鮮だったかもしれないが、そのうち神通力が効きにくくなったためか、昨今では、少しでも観光宣伝に資する駅名を選ぶようになってきたようだ。

しかし「新つき」の駅は新幹線に始まったわけではない。たとえば山手線の新大久保駅は大正三年（一九一四）に開業した老舗である。すでに西側にあった中央本線の大久保駅（明治二八年開業）と区別するために新をつけたものだが、「新」ながらすでに一〇〇年以上を経過している。駅ができた当時の一帯はまだ郡部で、駅の所在地も「東京府豊多摩《とよたま》郡大久保町」であった。その頃の地図を見れば畑や農家も珍しくない。

現存する最も古い「新つき駅」はどこだろう。そのようなデータを調べる手だてが思いつかないので、ざっと駅名索引を探してみた限りではあるが、東武伊勢崎線の新伊勢崎駅（群馬県伊勢崎市）あたりではないだろうか。開業は明治四三年（一九一〇）三月二七日、太田から延伸されたときの終点で、すでに開通していた両毛線の伊勢崎駅（明治二二年開業）まで伸びた同年七月までの短い間ながら終着駅をつとめた。こちらは平成二二年（二〇一〇）に開駅一〇〇周年を迎えている。

ついでながら同じ群馬県の新前橋駅も大正一〇年（一九二一）の開業と古株だ。上越南線（現上越線）が渋川まで開通した際、在来の両毛線との分岐点として利根川橋梁の西詰付近に設けられた。当初は寂しい場所だったようで、地元出身の詩人・萩原朔太郎は、駅開業の四年後に上梓された『純情小曲集』で、「野

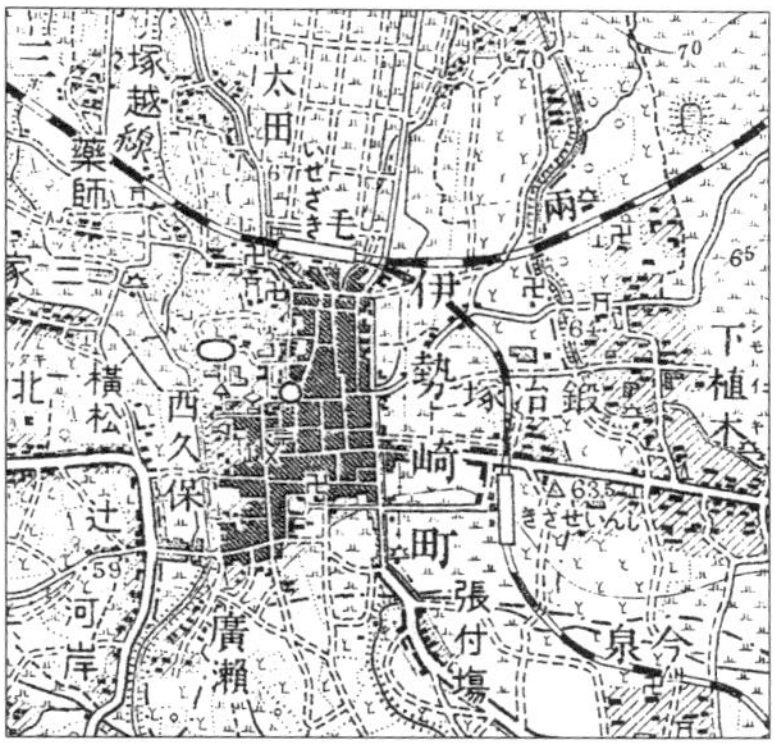

1:50,000「高崎」大正２年鉄道補入

に新しき停車場は建てられたり／便所の扉風にふかれ／ペンキの匂ひ草いきれの中に強しや」と描写している。

西武多摩川線の新小金井駅（東京都小金井市）も古い。多摩川の砂利を運搬するために建設された多摩鉄道が大正六年（一九一七）に開業して以来の駅で、当時の中央本線には武蔵小金井駅も存在しなかった。武蔵小金井駅はお花見の名所として有名だった小金井公園への最寄り駅として大正一三年（一九二四）四月四日、観桜のための仮乗降場として設置されたものである。常設の駅となるのは二年後のことで、東小金井駅に至っては戦後の昭和三九年（一九六四）だ。つまり新小金井駅は、「新」が付いているにもかかわらず、小金井市内では最古の駅なのである。ではなぜ「新」なのかといえば、東北本線（当時は日本鉄道）に明治二六年（一八九三）開業の小金井駅（栃木県）が存在したからだろう。

横浜市の新子安駅にはちょっと複雑な経緯がある。明治三八年（一九〇五）に京浜電気鉄道（現京浜急行）に子安駅ができ、同四三年三月二七日（奇しくも前述の新伊勢崎駅と同日！）に隣に新子安駅を設置したのだが、その三三年後の昭和一八年（一九四三）、東海道本線の電車専用駅として近くに駅が開業した際にこちらを新子安とし、従来からあった京浜電気鉄道の方は京浜新子安（現京急新子安）に改称させられている。当時の「お上」の権勢の絶大を思い

遠州鉄道「新浜松」駅（静岡県）

知らされる物語ではあるが……。

西鹿児島・平・湊町――懐かしの駅名

かつて横浜に住んでいた筆者は、夕方の横浜駅で今は皆無となった特急寝台列車「ブルートレイン」をよく見かけたものである。「はやぶさ」や「富士」の行先には西鹿児島の文字が誇らしげに表示され、それを見ては二一時間またはそれ以上の道のりを想像し、遙かなる鹿児島県の風景を空想していた。最初に小学校六年生の時に遠出した時に乗ったのも西鹿児島行きの急行「桜島」で、当時は泊まりがけの一人旅などできず、静岡駅まで行って単に折り返しただけだったので、西鹿児島は憧れの駅名であり続けた。「鹿児島」と聞いても県や都市の名前として認識されるだけだが、西がつくと、どうしてこうも旅情を誘うのか不思議に思ったものである。その西鹿児島駅も、九州新幹線が開通した平成一六年（二〇〇四）には鹿児島中央駅と改められた。東京で「西鹿児島行」の表示を見ることができなくなってすでに久しかったが。

関西の方で改称ターミナルの筆頭といえば関西本線の湊町《みなとまち》駅だろう。東京では都心の幹線のターミナル名が変わるなど、両国橋駅が両国に変わった昭和六年（一九三一）以来起きていないことだが（私鉄では昭和二八年に上野公園→京成上野と改称）、ＪＲ西日本になって私鉄への対抗姿勢を明確に打ち出し、明治二二年（一八八九）に大阪鉄道（後に関西鉄道を経て関西本線）の起点としての歴史ある**湊町**《みなとまち》駅の名前は、実に開業から一〇五年も経った平成六年（一九九四）に、すぐ隣に位置する知名度の大きな難波を拝借して「**ＪＲ難波**」と改められた。その後地下化しているから、「古き良き時代」の国鉄ターミナルの面影を残していた**湊町**駅とその周辺の雰囲気は一変している。ちなみに**ＪＲ難波**駅は「ＪＲ」の付く駅の嚆矢《こうし》であるだけでなく、日本初の「アルファベット入り駅名」なのだそうだ。

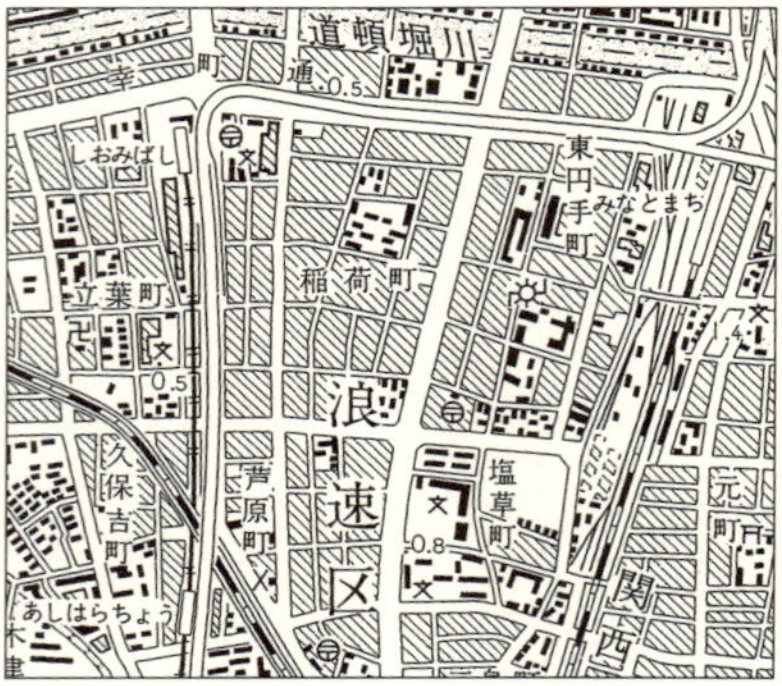

1:25,000「大阪西南部」昭和49年修正

それよりだいぶ古い話だが、**東和歌山**駅も阪和《はんわ》線の終点だったから「懐かしの駅名」かもしれない。阪和線と紀勢本線の接続地点で、現在の**和歌山**駅である。それまでの**和歌山**駅は、現在の**紀和**《きわ》駅。歴史は明治三一年（一八九八）開業と古いが、この旧駅は南海電鉄のターミナルである**和歌山市**駅と、国鉄の実質的な市の代表駅たる**東和歌山**駅の狭間にあって利用者も少なく、**和歌山**を名乗り続けるには無理があったようだ。昭和四三年（一九六八）に**東和歌山**駅に「**和歌山**」の座を明け渡している。細かいことを言えば、**和歌山**駅が**紀和**駅となったのが二月一日、**東和歌山**駅が**和歌山**と改まったのは三月一日と一か月ずれている。誤乗防止のための周

知期間だろうが、昭和四三年（一九六八）二月の二八日間だけはこの世に「**和歌山駅**」が存在しなかった。

町田の「マラソン道路」または「マラソン通り」といえば、知る人ぞ知る道路である。横浜線の**原町田**《はらまちだ》駅と小田急線の**新原町田**駅の間は、昭和五五年（一九八〇）に国鉄側が移転するまで約五〇〇メートルも離れており、朝の通勤通学時間帯には、両駅の間を乗り継ぐ多くの「ランナー」が走った。そんな様子から、誰が言うこともなく名付けられたらしい。今は小田急、ＪＲ横浜線のどちらもが市名に合わせて**町田**駅を称しているが、小田急より先の明治四一年（一九〇八）に開通した横浜線の駅は**原町田**であった。

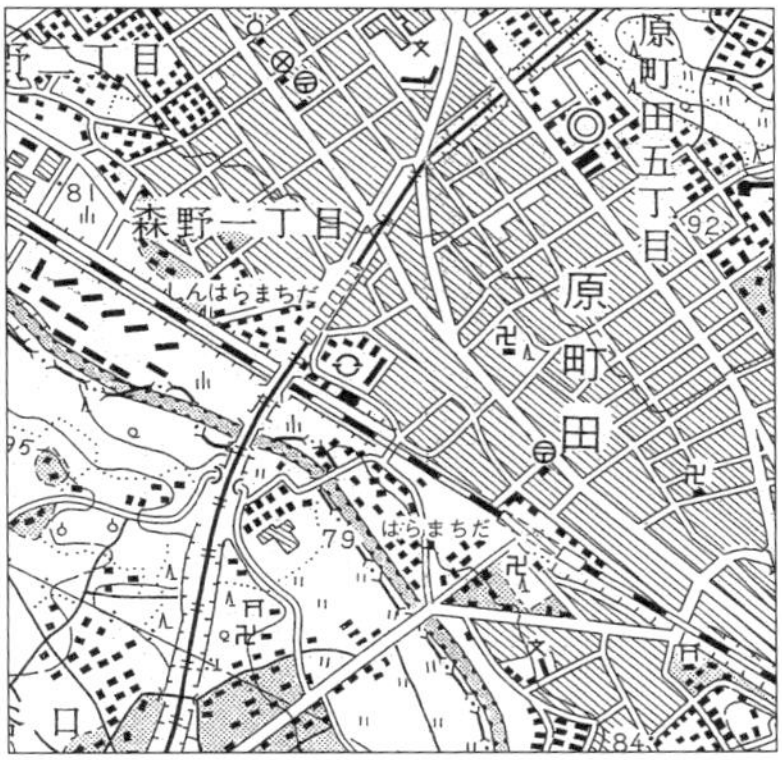

1:25,000「原町田」昭和 44 年修正

町田の地名は古いが、天正一〇年（一五八二）に町田村の人たちが台地上の「相の原」を開墾した際に町田村から分村したのが原町田村で、そこに設けられた駅なので原町田を名乗ったのである。元の町田村は「本村」ということで分村時に本《ほん》町田と改められて現在に至っている。小田原急行鉄道（現小田急電鉄）は昭和二年（一九二七）に新宿〜小田原間を一気に開業、横浜線との交差地点近くに駅を開設

したのだが、国鉄駅と離れていたので「新原町田」としたようだ。

「原町田時代」はもう四〇年近くも前の話なので、懐かしいと感じる人は五〇代以上が大半だろうが、かつて筆者が横浜市に住んでいた学生時代、冬の夜遅くに新原町田から原町田に乗り換えたことがある。不運にもタッチの差で横浜線の電車は出たばかりで、雪のちらつく原町田の冷え切ったホームで三〇分も電車を待った記憶がある。最近は終電間際でもそんなに間隔が空くこともないが、それ以来、原町田という旧駅名にはそんな寒い思い出が付属するようになった。

青い森鉄道「八戸」駅（青森県）

　乗換駅をわかりやすくするために改称した事例は多い。たとえば東北本線の尻内《しりうち》駅。こちらは現在の八戸《はちのへ》駅だが、もともと八戸の旧市街からは五キロも離れており、駅が設置されたのは当時の上長苗代《かみながなわしろ》村大字尻内で、ここで八戸線に乗り換えた先に八戸駅があった。現在の本《ほん》八戸駅である。同じ「本」でも、開拓村の本村である本町田とはちょっと意味が違う。新産業都市で発展著しかった八戸市の玄関口として、やはり「本線」に八戸駅を名乗ってもらった方がわかりやすい、ということだろう。昭和四六年（一九七一）に尻内→八戸、八戸→本八戸という改称が行われた。ただし前述の和歌山駅と同様、混乱を避けるために八戸→本八戸の改称を二月一日、尻内→八戸の改称を四月一日に行ったので、二か月間は八戸駅が存在しなかったのである。山陰本線の倉吉駅も同様で、こちらも昭和四七年（一九七二）に上井《あげい》駅を倉吉に、旧市街に近い倉吉線（昭和六〇年廃止）の倉吉駅を打吹《うつぶき》に改めた。打吹とは市街背後の打吹山にちなむ。ここでも周知期間を一か月以上とっている。

国鉄との連絡駅ではないが、京浜急行逗子線の逗子海岸駅も懐かしい駅名だ。それでも当時の逗子海岸行きの電車に掲げられた行先表示は、国鉄逗子駅と間違えそうな「逗子」だった。京浜急行電鉄という会社は電車の行先表示を省略する「文化」を持っており、たとえば金沢文庫行の電車の前面にはただ「文庫」、神奈川新町行なら「新町」という具合で、初めての人は少々面食らうが、長いこと改める気配がなかった。簡潔で読みやすいから、きっと沿線住民の支持もあったのだろう。その逗子海岸と京浜逗子の両駅は約四〇〇メートルしか離れていなかったため、電車の長編成化に合わせて駅を一つにまとめることになった。統合は昭和六〇年（一九八五）のことで、ほぼ中間地点に誕生したのが現在の新逗子駅である。

両駅がこれだけ近いのは理由があった。昭和五年（一九三〇）に京急の前身である湘南電気鉄道が逗子線を開業した際の終点が湘南逗子駅である。その翌年には約四〇〇メートル延長して同じ駅構内の扱いの「葉山口」という停車施設を設け、従前のホームは「沼間《ぬまま》口」と呼んで区別した。海水浴に便利な葉山口は戦争中に休止となったが、戦後に京浜逗子、逗子海岸と別々の駅で復活を果たしたのである。そういえば横須賀に住んでいた祖母は平成に入った晩年

東京メトロ「明治神宮前」駅

JR 大糸線「信濃森上」駅（長野県）

まで、京浜田浦（現京急田浦）や京浜富岡（現京急富岡）などの駅名を湘南電気鉄道時代の駅名「湘南田浦」「湘南富岡」などと呼んでいたものだ。ついでながら横須賀線は「省線」と呼んでいたので、私も横須賀線を指す時にはつい口をついて出る。昔から馴染んだ呼び名はなかなか変えられないのである。

「前」のつく駅名はその対象が消えれば駅名も変わらざるを得ないという話は以前に書いたが、その対象がまだ健在なのに駅名だけ変わった例がある。たとえば地下鉄銀座線の神宮前駅（現東京メトロ銀座・千代田・半蔵門線の表参道駅）、京成千葉線の国鉄千葉駅前駅（現京成千葉駅）、西武多摩川線の多磨墓地前（現多磨駅）などがそれで、明治神宮や千葉駅（「国鉄」ではないが）、多磨霊園がまだ存在しているにもかかわらず、駅名だけが変更されている。

神宮前駅は地下鉄千代田線の開通時に表参道に改称された。わざわざ駅名を変えた理由は、より神宮に近いところに明治神宮前駅が設置されたからだ。千代田線は当初から山手線原宿駅の南端で交差する計画で、工事中も「原宿」の仮称で進められていたが、いろいろと経緯があったようで、わざわざ山手線とは違う明治神宮前駅と命名されたのはなぜだろう。最近になって山手線との連絡駅であることを周知させるため、（原宿）のカッコ書きが追加されるようになった。

「国鉄千葉駅前」という駅名はまるでバス停の名前だった。京成千葉線と国鉄総武線の路線や駅の変遷は非常に複雑で、ここでその経緯を記すのはやめておくが、現在の線形になってからの京成線は千葉駅に隣接しながら当初は素通りしていた。国鉄へ乗り換えるための利便性を高めるために連絡駅として設けられたのだが、開業は昭和四二年（一九六七）と意外に新しい。

確かに「駅前」には違いないのだが、こういうネーミングはふつう路面電車かバスの停留場に限られている。実態は専用軌道を走る立派な（?）電車の駅なのに、「手前どもなど一介の軌道会社ですので、国鉄さまの停車場の前に乗り場を設けさせていただくだけで幸甚でございます」といった雰囲気が漂っていた。その駅前にもしバス停でもあれば「国鉄千葉駅前駅前」となったかもしれないが、実際にはそんなものは存在しなかった。

駅名が現在の「京成千葉」に改められたのは国鉄がＪＲになった昭和六二年（一九八七）のことである。要するに「国鉄」が消滅したので、これを機に「手前ども一介の軌道会社」から、ＪＲと対等な大手私鉄としての矜恃を取り戻そうと考えたのかもしれない。ちなみに、それまで千葉線の終点だった京成千葉駅は千葉中央と改称、現在に至っている。

西武多摩川線の多磨墓地前駅は、大正一二年（一九二三）に日本初の公園墓地・東京市立多

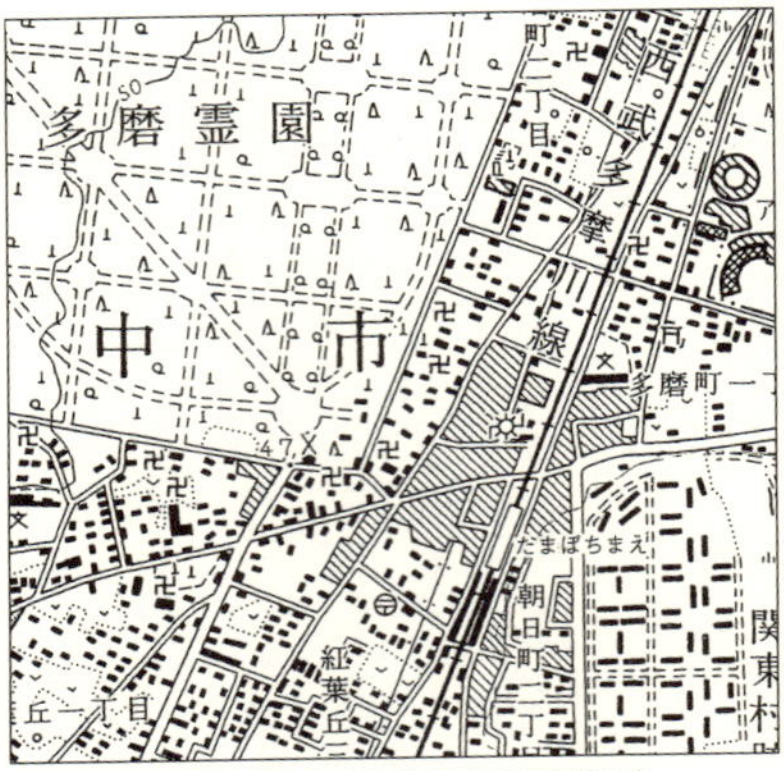

1:25,000「吉祥寺」平成７年部分修正

札幌市営地下鉄南北線「南平岸」駅（北海道）

磨墓地の最寄り駅として昭和四年（一九二九）に設置されたものだ。文字通り駅を降りれば数百メートルで霊園の正門に着くが、その間には墓石を手がける石材店と墓参のための花屋が並んでいる。その特異な商店街を一歩裏へ入れば畑が広がっていたが、駅近くの宅地化が徐々に進んでいた。

改称の契機となったのは東口にあった米軍住宅の関東村（カントウ村）跡地の再開発である。そこに東京外国語大学や武蔵野の森公園などが進出することになるのだが、大学側が駅名を「東京外国語大学前」に改めるよう要請したのだそうだ。これに対して古くから店を構える石材業者や生花店は反対したが、西武鉄道も「駅名が実態にそぐわなくなった」として平成一三年（二〇〇一）に駅名を改めた。**多磨墓地前**駅が**多磨**に変わった影響を受けたのが隣の**北多磨**駅である。さすがに**多磨**駅の南隣に**北多磨**駅があるのはマズイということか、地元の町名をとって「白糸台」と同日に改称されている。

ついでながら京王電鉄京王線には多磨霊園駅（初代多磨駅）があり、こちらは今もそのままだ。霊園とは少し離れているので京王バスが連絡しており、夜も更けてくるとその駅前から最終の「霊園裏門」行きのバスが行き先表示を赤い色で照らして走る。なかなかの雰囲気だ。

札幌の平岸《ひらぎし》霊園も、市営地下鉄の霊園前駅が最寄りだったが、やはり「駅名を変えてほしい」という周辺住民の声を受けて町内会と商店街が「南平岸駅」を要望、平成六年（一九九四）にその通りに改称されている。「前」で商売する駅にもいろいろと苦労があるのだ。

津田沼・柿生・金子——旧村名を今に伝える駅

千葉県習志野市にある津田沼駅は、今や一日の乗降客数が約二〇万人という大駅である。駅の所在地も「津田沼一丁目」であるが、津田沼という地名は江戸時代の古文書には絶対に登場しない。なぜなら明治二二年（一八八九）の町村制施行で谷津・久々田《くぐた》・鷺沼《さぎぬま》・藤崎の四村と大久保新田が合併した際、主要な三村から一字ずつ採った「合成地名」だからである。

そんなわけで津田沼はあくまで「行政村名」であって、駅が開業した時の住所は千葉県千葉郡津田沼村大字谷津《おおあざやつ》だった。大字の谷津は町村制以前の谷津村である。村を代表する駅だから

天竜浜名湖鉄道天竜浜名湖線「天竜二俣」駅（静岡県）

津田沼と名付けられ、それが定着したため、昭和二九年（一九五四）に習志野市が誕生した時に久々田の大字を津田沼に改めて市内の町名としたのである。

しかし村名が合併によって消え、新たな自治体の中にその地名が継承されていないものも実は意外に多く、たとえば関東平野の西縁を南北に走るJR八高線の駅などにはそんな例がいくつもある。**金子**（入間市）、**明覚**《みょうかく》（ときがわ町）、**竹沢**（小川町）、**松久**《まつひさ》（美里町）、**丹荘**《たんしょう》（神川町）はいずれもかつての行政村名で（カッコ内は現在の自治体名）、小学校名などとして残ってはいるものの、大字や町名としては使われていない。

町村合併はこれまで大きなものが明治の大合併（町村制施行に伴う。おおむね明治二二年）、昭和の大合併（町村合併促進法に基づく。昭和三〇年前後）、そして最近の「平成の大合併」（平成一一年〜）という具合に進められ、その度ごとに自治体数は大幅に減少している。減るということは自治体名が消滅することであり、地図から姿を消しているわけだが、旧村時代に創立された学校や農協（JA）の支店などに残っていることも多く、駅名もそのひとつだ。ただ公式に消滅しても、「〇〇地区」などの通称地名として存続していることは珍しくない。

小田急線の**柿生**《かきお》駅（昭和二年開業）も昭和一四年（一九三九）に川崎市に編入される以前の

旧村名で、一〇か村が広域合併した時の新命名であった。柿生の地名はこの一帯が「禅寺丸《ぜんじまる》柿《がき》」の産地として知られていたことにちなむ。川崎市に編入されてからは柿生の地名は存続せず、駅の所在地も「上麻生《かみあさお》」となったが、駅勢圏内の住人が「どちらにお住まい？」と尋ねられれば、迷わず「柿生です」と答えるのは、やはり駅名の知名度が高くて通りがいいからだろう。

　駅名は使用頻度が高いために「広域通称地名」としての存在感が強いのである。渋谷区の原宿という町名にしても、住居表示の実施に伴って隠田《おんでん》と合併、四〇年以上も前に消滅して「神宮前」などに変えられてしまったのだが、その後も「全国区の地名」として君臨しているのは、山手線の駅名であればこそである。

1:25,000「船橋」昭和40年改測

　このように昔の村名を守ってきたけれど、最近になって改称した例としては、京成電鉄の葛飾《かつしか》駅（船橋市）がある。この駅は昭和六二年（一八九七）に「京成西船《にしふな》」と改められてしまったが、かつては東葛飾郡葛飾村といった。村は西海神《かいじん》・山野・印内《いんない》など八か村（および三村の飛地）が合併した時に命名されたもので、村内の葛飾神社にちなむという。

葛飾という地名は旧郡名でもあるが、一帯の東葛飾郡が次々と市になって身近でなくなったこと（平成大合併で完全消滅）、これに加えて東京都葛飾区（旧南葛飾郡域）と誤解されることなどが影響したようだ。所在地の町名も昭和四〇年代から「西船《にしふな》」に変わったこともあり、ついに改称に踏み切っている。ただ京成西船という駅名にしたら、今度は「ＪＲや地下鉄東西線の西船橋駅から離れている」という苦情もあるようだが、いずれにせよ駅名の影響力は大きい。

東京急行電鉄「二子玉川」駅（東京都）

水戸駅から北上するＪＲ水郡《すいぐん》線には、その名も「玉川村」という駅がある。玉川の中流域に面した三村が合併して以来の村名であったが、昭和三〇年（一九五五）に大宮町（現常陸大宮市）の一部となった時に消滅した。大正一一年（一九二二）の開業時にわざわざ「村」を付けたのは、おそらく当時、玉川駅が東京にあった（玉川電気鉄道・現東急二子玉川駅）ことが影響したのかもしれない。いずれにせよ、車内アナウンスでは今日も旧村名が読み上げられている。

第5章

ひらがな、カタカナ、数字の駅

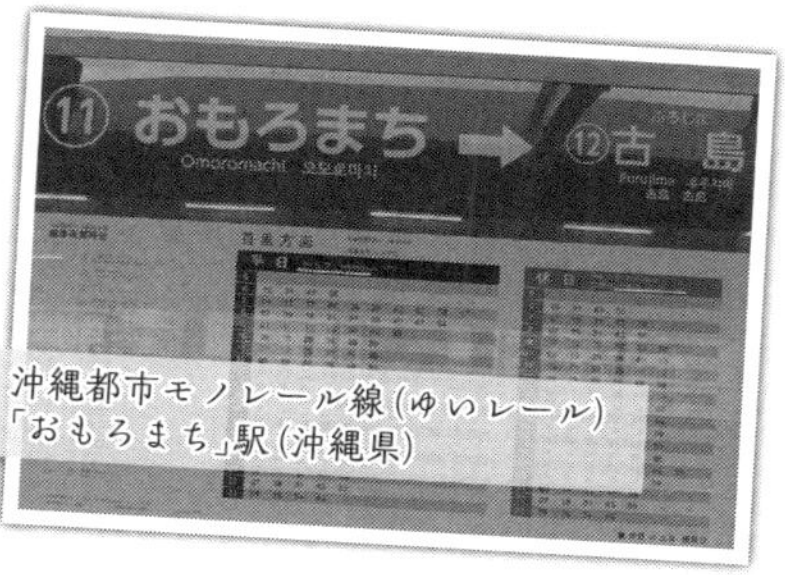

沖縄都市モノレール線(ゆいレール)
「おもろまち」駅(沖縄県)

千葉都市モノレール
「千葉みなと」駅(千葉県)

JR飯山線「十日町」駅(長野県)

相模鉄道いずみ野線「ゆめが丘」駅(神奈川県)

いわき・あつみ温泉・なにわ橋──ひらがなの駅名

いわき市の平駅が市名に合わせて「いわき駅」と改めたことは前述の通りだが、市名以外にひらがなを用いる駅が高度成長期以来、次々と誕生している。いわき市のような自治体名を除けばニュータウンなど新興住宅地に位置する駅に目立つ印象であったが、大阪の地下鉄で最も新しい今里筋《いまざとすじ》線に平成一八年（二〇〇六）に開業したのが「だいどう豊里駅」だ。

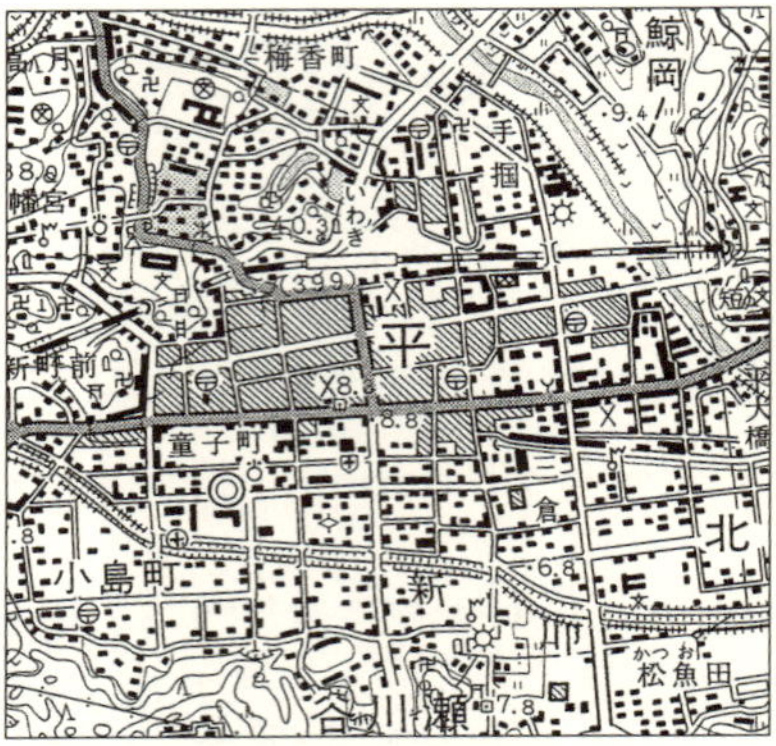

1:50,000「平」平成７年要部修正

新興住宅地なのかと思って市街地図を見ると、駅周辺には豊里の他に大桐《だいどう》と大道《だいどう》南の町名が並んでいる。つまり「平等な連称駅名」とするためには大桐と大道のどちらを採るわけにもいかず、結局ひらがなで落着したということらしい。ちなみに南大道の地名は大正一四年に大阪市に編入される以前、江戸時代から続いた西成郡大道村（大字南大道）に由来するが、大桐の方は昭和五五年（一九八〇）からの新しい表記である。

さて、周知の通り平成の大合併ではひらがな市町名が激増した。事例をよく観察してみると、たとえば兵庫県龍野市《たつの》と周辺に位置する揖保川町《いぼがわ》、新宮町《しんぐう》、御津町《みつ》の計四市町が合併したもので、新市名を従来通りの「龍野市」とすると他の三町がおさまらない、ということのようだ。また茨城県霞ヶ浦町＋千代田町で「かすみがうら市」としたのも同じような理由だろう。

対等合併の道具として便利に使われてしまったひらがなであるが、背景には以前からの会社・公共施設名における「ひらがなブーム」が根を張っているに違いない。「柔らかい印象で親しみやすい」などとして今に至るまで続出しているが目立ち始めたのは七〇年代後半からだろうか。「すずかけ台」「つくし野」といった新興住宅地などとともに、昭和五二年（一九七七）には羽越本線の温海《あつみ》駅（山形県）が「あつみ温泉」に改称、平成二年（一九九〇）には東北新幹線に「くりこま高原」が開業するなど、明らかに増えていった。

大阪メトロ「難波」駅（大阪府）

さらに難読地名はひらがな表記になりやすい傾向がある。たとえば井原《いばら》鉄道の「いずえ」は出部《いずえ》（岡山県井原市）という古代からの地名で、京都市営地下鉄の「くいな橋」は鴨川に架かる水鶏《くいな》橋。鹿児島市電の「いづろ通」は有名な商店街の名であるが難読の石灯籠《いづろ》通だ。大井川鐵道井川線の「ひらんだ」駅も地元の表記は平田なので、誤読防止のため、ということだろうか。会津鉄道の「塔のへつり」は、塔ノ岪と滅多にお目にかかれない字である（険しい山道といった意味）。

難読とまではいかなくても、誤読を避けたと思われるケースもある。

北九州銀行レトロライン「関門海峡めかり」駅（福岡県）

四日市あすなろう鉄道「あすなろう四日市」駅（三重県）

会津鉄道会津線「塔のへつり」駅（福島県）

たとえば北越急行ほくほく線の「しんざ」は埼玉県の新座《にいざ》と、同じく「まつだい」は長野県の松代《まつしろ》と混同しないように、という配慮らしい。ただしこの線の場合、「うらがわら」（浦川原）、「くびき」（旧頸城村）のように、ひらがな表記の必然性が感じられない駅名も目立つため、全線にひらがな駅名があふれた印象になったのは否めない。やはり難読の和布刈《めかり》瀬戸（関門海峡の異称）を駅名に採用したのは北九州銀行レトロライン（平成筑豊鉄道）の関門海峡めかり駅。

同様に札幌市営地下鉄は難読でもないのに「さっぽろ」が正式だし、大阪市営地下鉄の御堂筋《みどうすじ》線も「なんば」「なかもず」の表記が駅名標や案内板に用いられている（正式名称は難波・中百舌鳥）。京成電鉄の「うすい」（臼井）は電車の行先表示がひらがなになっているが、これは直通している北総鉄道の白井《しろい》駅と形が似ているための配慮だろう。誤読防止というよりも視認性の良さから行先表示をひらがなにするケースは戦前から各地で行われており、土佐電気鉄道の路面電車は昔から「ごめん」（正式な停留場名は後免町）の札を前面に掲げ、申し訳なさそうに（？）走っている。三重県の近鉄内部・八王子線を三セクで引き受けた「四日市あすなろう鉄道」の起点は、**あすなろう四日市**。

ついでながら本稿ではひらがな駅名をすべて「　」で囲んだ。そうしないと読みにくくなってしまうからだ。助詞などをスペースなしで接続させる膠着《こうちゃく》語である日本語においては地名を安易にかな書きしない方が使い勝手がいい、という証明ではないだろうか。

ニセコ・多摩センター・阿仁マタギ――カタカナ駅名

平成の大合併で「ひらがな自治体」が激増したのは周知の通りで、さくら市（栃木県）、かすみがうら市（茨城県）、さぬき市（香川県）などなど、現在では実に五〇を超えている。

これに対してカタカナ自治体は山梨県南アルプス市と北海道ニセコ町（函館本線に**ニセコ**駅）だけだが、カタカナ駅名は珍しくない。ただし駅名のもととなる地名がカタカナなのはアイヌ語起源の北海道のニセコ、トマムなど少数で、〇〇センターとか〇〇ランド、〇〇タウン

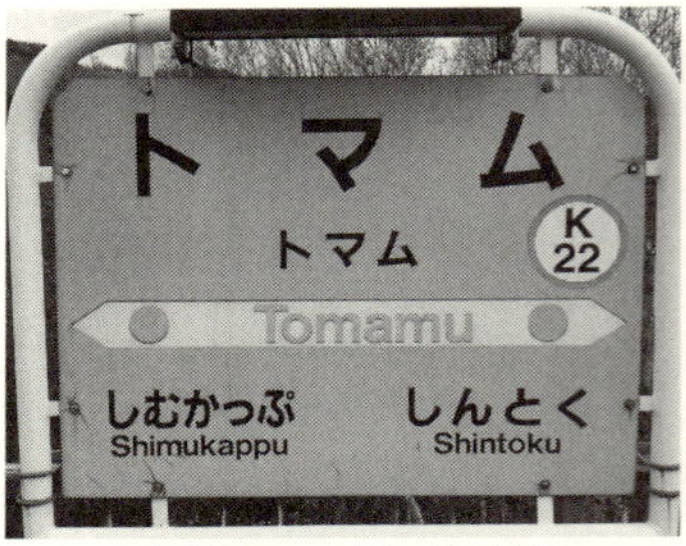

JR石勝線「トマム」駅（北海道）

JR函館本線「ニセコ」駅（北海道）

といった外来語由来のカタカナ語が目立つ。たとえば**鹿島サッカースタジアム**（JR鹿島線・鹿島臨海鉄道）、**多摩センター**（多摩モノレール）、**京王よみうりランド**（京王相模原線）などこの系統の駅名は非常に多く、たいていは駅名の英語表記もセンターならCenterと英語そのままであり、**ハウステンボス**（長崎県・JR大村線）はHuis Ten Boschとオランダ語表記だ。ついでながら、駅名標に中国語とハングルの表記を行っている小田急では、**小田急多摩センター**駅の中国語表記を「小田急多摩中心」（実際には簡体字を使用）としている。

戦前からの古典的なカタカナの使用例の「ビル」が付く駅は意外に多く、富山地方鉄道の富山市内軌道線（路面電車）の**電気ビル前**、**地鉄《ちてつ》ビル前**の隣り合った二か所に加え、同じく路面電車のとさでん交通（旧土佐電氣鐵道）には**デンテツターミナルビル**（高知市）の停留場がある。東京付近でビル駅といえば空港に特化しており、羽田空港では東京モノレールの駅として**羽田空港第1ビル**駅、**同第2ビル**駅、成田空港には**空港第2ビル**駅（JR・京成）がある。本来ならビルではなく「第1ターミナル」とすべきだろうが、字数が多すぎるためだろうか。

京浜急行空港線では従来「羽田空港」だけであったが、国際線ターミナルの開業に合わせて羽田空港国内線ターミナル、羽田空港国際線ターミナルとそれぞれ改称した。わざわざ日本一の長さを狙った「長者ケ浜潮騒はまなす公園前（鹿島臨海鉄道）」のような例を除けば実質的には日本一長い駅名かもしれない。

ニュータウンなど新興住宅地でもカタカナ駅名が好まれる。すでに半世紀を超える歴史をもつ東急田園都市線たまプラーザ駅（Tama-Plaza）は、大規模民営ニュータウンである「東急多摩田園都市」の中核駅として開業した時の東急電鉄社長・五島昇氏が発案したそうで、当時としては広場を意味するスペイン語の採用は斬新だった。その後は全国各地の宅地に外来語系カタカナ駅名は増殖し、京成電鉄本線にユーカリが丘（昭和五七年）、関西では神戸電鉄公園都市線にフラワータウン駅（平成三年）と南ウッディタウン（平成八年）、ウッディタウン中央（同）などが登場している。神戸の六甲アイランドには神戸新交通六甲アイランド線のアイランドセンターやマリンパーク駅。

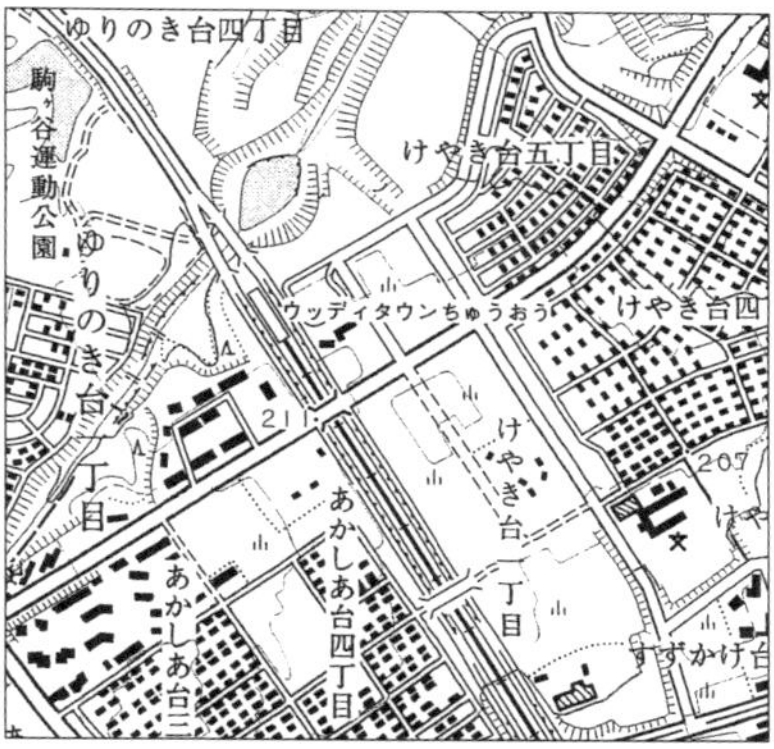

1:25,000「三田」平成11年部分修正

神戸新交通六甲アイランド線「マリンパーク」駅（兵庫県）

富山地方鉄道市内電車「大手モール」駅（富山県）

保津川（桂川）の渓谷を鑑賞する京都の嵯峨野《さがの》観光鉄道ではトロッコ嵯峨、トロッコ嵐山、トロッコ亀岡と全駅が「トロッコ」付きだ。トロッコは本来、鉱石や土砂を運搬する小貨車（トラックと同じ語源）であるが、最近は観光用の簡単な客車を指すことが多い。珍しいところでは、日本唯一の現役アプト式鉄道（急勾配区間に対応すべく歯車付き機関車がレールに付いた歯と噛み合わせて走る方式）の区間で知られる静岡県・大井川鐵道井川線のアプトいちしろ駅。線路そのものを観光資源にしてしまおうとの会社の意向が反映されているようだ。岐阜県にある名鉄広見線・日本ライン今渡《いまわたり》駅の「日本ライン」は、木曽川の峡谷がドイツのライン川に似ているとして、戦前に地理学者の志賀重昂《しげたか》が「日本ライン」と命名したものだが、欧文表記はローマ字で rain になっており、本家の Rhein とは違う。

最後に日本最長の全カタカナ駅名といえば、ディズニーリゾートトライン（ＴＤＲ内のモノレール）のリゾートゲートウエイ・ステーションである。線名も長ければ、周囲の駅名も東京ディズニーランド・ステーション、ベイサイド・ステーションなどと実に長い。行数がかさむので、この辺で打ち止めにしよう。

二条・三条、四日市・五日町——数字の駅

数字のつく駅は多い。代表なのが京都に代表される「条つき駅名」だろうか。碁盤目の形に道路網のある平安京以来の京都には今も一条通、二条通、三条通など古代以来の通り名が健在で、それが駅名にも採用されている。一条通は小さな通りなのでバス停にしかないが、山陰本線には二条駅。かつては二条城をイメージしたような現役としては日本最古級の木造駅舎として親しまれていたが、今は梅小路蒸気機関車館に移築され、その代わりに新しいデザインの高架駅になっている。

つい最近まで京阪電鉄の駅の並びは三条・四条《しじょう》・五条・七条と京都の「条」の駅名がズラリと揃っていたが、「京都観光５０００万人キャンペーン」を機に駅名に観光エリア名を付け、電車の利用を促進しようとする意図で平成二〇年（二〇〇八）に四条駅が祇園四条、五条駅が清水《きよみず》五条と改められた。この両駅については烏丸《からすま》通を南北に走る京都市営地下鉄烏丸線の駅にやはり四条、五条があり、一キロ前後も離れた別の場所に同名駅があるのは観光客にとって紛らわしい、というのも理由であった。

七条駅は今でこそ京阪の駅であるが、明治時代には東海道本線の京都駅は別名「七条ステーション」などとも呼ばれていたという。文字通り七条通の少し南（厳密には塩小路通のすぐ

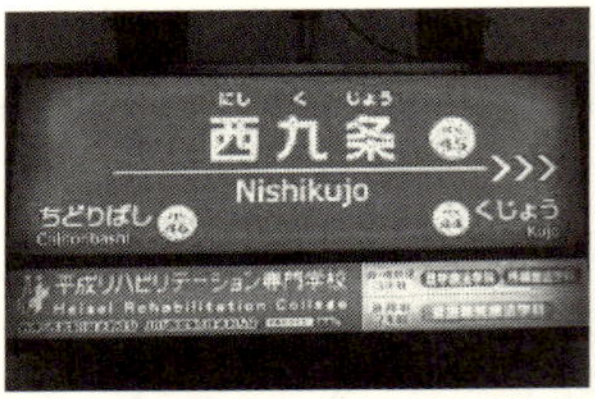

阪神電気鉄道阪神なんば線「西九条」駅（大阪府）

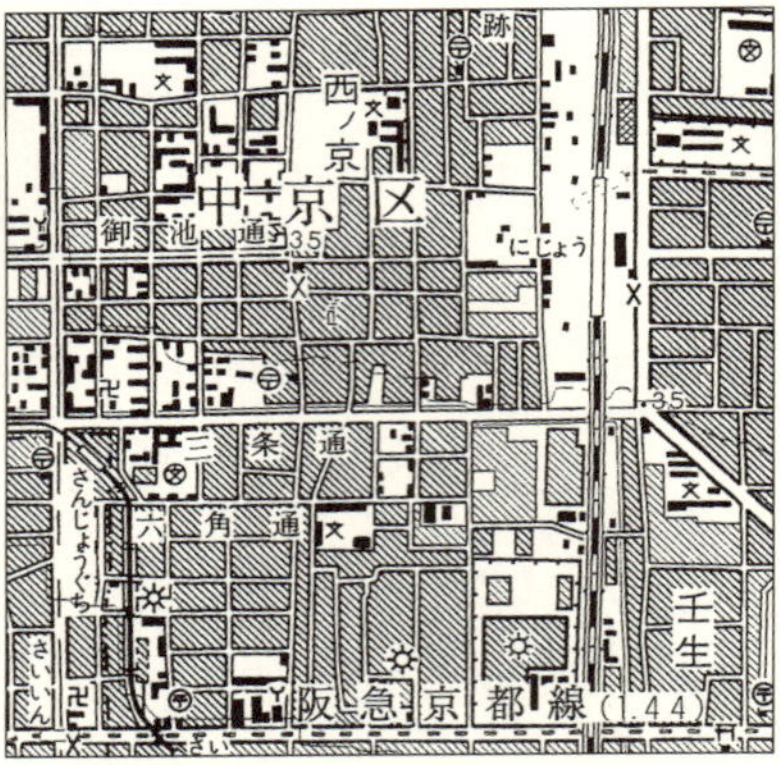

1:25,000「京都西北部」平成９年部分修正

南）に設けられた駅であったからだが、その後は大正時代に駅を南側に移設、さらに戦後に新幹線ができてその南口が八条通に面しているため、今では京都駅の南口に「八条口」の名が付いている。

さて、昔は八条駅というのもあった。近鉄京都線（旧奈良電気鉄道）が京都駅を発車してすぐ停車する小駅だったが、昭和二一年（一九四六）に廃止されている。その代わりに地下鉄烏丸線には九条駅ができ、近鉄京都線には昔から十条駅がある。ただしこの十条通は平安京の南端にあたる九条通の南側に大正初め頃に新造されたものだ。これにより現在の京都市内には二条、三条、四条、五条、七条、九条、十条という「条つき駅名」が現存することになる。

さらにややこしいことを付け加えれば、ＪＲ奈良線の前身・奈良鉄道にも七条駅があった（明治三〇年から四一年まで）。ただしこの鉄道の京都付近は現在の奈良線の径路ではなく、現在の近鉄京都線のルートが奈良鉄道で、その始発駅が七条駅だったのである。

従って北側に隣接して官営鉄道（東海道本線）の旧京都駅があった。これは変遷図がないとわからないかもしれない。

ちなみに条のつく地名は京都だけでない。古代に条里制が行われたところには日本中に広く存在するし、また明治以降に都市計画された北海道の各都市にも存在するので、さらに「条つき駅名」は多数に上る。たとえば岐阜県南部を走る樽見鉄道には条里制由来の地名である十《じゅう》九条《くじょう》駅（瑞穂《みずほ》市）があるし、東京都内には条里制との関連は不詳ながら埼京線に十条駅、京浜東北線には東十条駅（かつては下十条と称した）もある。

JR 和歌山線「五条」駅（奈良県）

北海道では札幌市営地下鉄南北線の駅に、通り名に合わせた北34条、北24条、北18条、北12条の各駅が連続しているし、旭川でも宗谷本線には旭川四条《よじょう》駅がある。札幌の特徴としては算用数字が住所の表示に日常的に使われており、それが駅名にも反映されていることで、それに四条（４条）の読み方が「よじょう」であるのが京都と異なる点だ。ついでながら京都の通り名を「３条」などと書き、また四条を「よじょう」などと読んだら軽蔑されそうだが、京都の七条に関しては、最近になって四条と聞き違い防止のためか、京都市営バスの車内アナウンスでは「七条河原町」を「ななじょうかわらまち」などと発音している。京都の人は「ひち

JR五日市線「武蔵五日市」駅（東京都）

阪急電鉄「十三」駅（大阪府）

じょう」または「ひっちょう」と発音するらしいけれど。ついでながら条も何もついていないのが阪急の**十三**《じゅうそう》駅だが、地名の由来は古代条里制の十三条や淀川の上流から数えて一三番目の渡船場など諸説あるようだ。

市場由来の地名も数字が多い。毎月三回、たとえば「四の日」に市場を開く町には四日市という地名が生まれるのだが、全国各地にはそのような市場地名が多数分布しているから、駅名もそれなりに多い。数字の順番に挙げてみると、**二日市**（福岡県・JR鹿児島本線）、**三日市**（三重県・近鉄鈴鹿線）、**三日市町**《ちょう》（大阪府・南海高野線）、**四日市**（三重県・JR関西本線）、**五日市**（広島県・JR山陽本線）、**武蔵五日市**（JR五日市線・東京都）、**五日町・六日町**（新潟県・JR上越線）、**七日**《なぬか》**町**《まち》（福島県・JR只見線）、**八日市**（滋賀県・近江鉄道）、**八日市場**（千葉県・総武本線）、**十日町**（新潟県・JR飯山線）などがあり、残念ながら一と九は現存しない。**一日市**《ひといち》はかつて奥羽本線にあったが、昭和四〇年（一九六五）に**八郎潟**と改称されて消滅した。

第6章

命名に苦労した駅、要注意の駅

泉北高速鉄道「和泉中央」駅（大阪府）

伊豆箱根鉄道駿豆線「三島田町」駅（静岡県）

静岡県・長野県・愛知県にある三県境界の「小和田」駅

JR釧網本線「原生花園」駅（北海道）

探せば見つかる?!——遠くの同名駅

最近はネットによる交通機関の乗り継ぎ検索が便利になったが、先日何かの用で東京・日本橋から自宅のある日野市までの接続時間を調べるのに「日本橋—日野」で検索したところ、地下鉄東西線と中央線の乗り継ぎで一時間程度のはずが、四時間六分という結果が出てびっくりした。都営浅草線と京急で品川へ出て新幹線の「のぞみ」に乗り、名古屋で「こだま」に乗り換え、さらに米原で近江鉄道の電車……という具合でようやく「日野駅」に着くという段取りに、思わず笑ってしまった。日野は日野でも滋賀県の日野駅（蒲生《がもう》郡日野町）だったのである。検索画面をよく見たら「日野（滋賀県）」とあるではないか。ついでながら日野駅はもう一つ長野県須坂《すざか》市の長野電鉄にもある。

これまでは日本橋から日野といえば都内の移動に決まっていたのに、デジタル時代のプログラムの生真面目さは、時にこのように思いもかけない発見をもたらしてくれる。同名の駅は結構あちこちにあって、たとえば大久保駅は全国に四か所。北から順に奥羽本線（秋田県潟上《かたがみ》市）、中央線各駅停車（東京都新宿区）、近鉄京都線（京都府宇治市）、そして山陽本線（兵庫県明石市）である。

さすがに高松駅は四国だけだと思いきや、東京都立川市内の多摩モノレールにあるし、有名

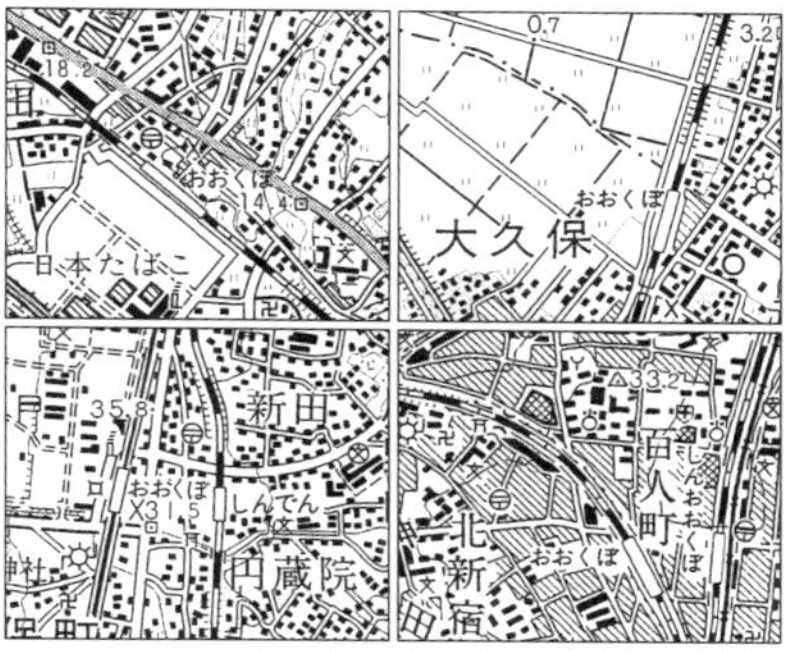

４つの大久保駅。左上から右へ兵庫県、秋田県、下段左から京都府、東京都。いずれも国土地理院 1:50,000 地形図

JR 中央本線「大久保」駅（東京都）

な例では日本橋が東京と大阪の地下鉄にある。読み方は東京の「にほんばし」に対して大阪は「にっぽんばし」と異なるが、先ほどの例で言えば全国に三つある日野駅から四つある大久保駅へ行く組み合わせは一二通りもあるから、検索する前によく確認しなければならない。

かつては「連帯運輸」といって通しで切符を扱う可能性がある駅同士は同名にならないよう配慮されていた。古い話だが大正時代になってから全国各地の駅に武蔵や加賀といった旧国名が相次いで付けられたのはそのためである。幹線鉄道がおおむね全国に行き渡り、鉄道貨客の動きが全国に広がった当時の背景があるようだ。

たとえば全国に四か所あった「一ノ宮駅」は、大正五年（一九一六）元日付でそれぞれ尾張一ノ宮（東海道本線・現尾張一宮）、三河一宮（現飯田線）、長門一ノ宮（山陽本線）、上総一ノ宮（現外房線）と改称されているし、三か所の「境駅」は、同八年七月一日に羽後境（奥羽本線）、武蔵境（中央本線）、境港《みなと》（境

JR指宿枕崎線「宇宿」駅（鹿児島県）

北陸鉄道石川線「加賀一の宮」駅（2009年廃駅・石川県）

東京メトロ副都心線「雑司が谷」駅

線）に変わっている。ついでながら、石川県の北陸鉄道にも加賀一の宮駅が平成二一年（二〇〇九）まで存在した。

　ここに挙げた例はいずれも同名を避けるために平等に改称が行われたものだが、中には後からできた駅に駅名を譲ったものもある。埼玉県の川口町が昭和八年（一九三三）に市制施行した翌年、当時の川口町駅を実態に合わせて川口駅に改称したのだが、岩手県内の東北本線（現ＩＧＲいわて銀河鉄道）の川口駅は岩手川口になった。駅名変更は何かと煩雑なこともあるから、川口市の関係者は岩手県川口村（現岩手県岩手郡岩手町）に何らかの挨拶に出向いたのだろうか。

　平成二〇年（二〇〇八）六月に東京メトロ副都心線が開通、「雑《ぞう》司《し》が谷《や》」という新駅ができた。ところが接続する都電荒川線（さくらトラム）の停留場名は鬼子母神《きしぼじん》前で、雑司ケ谷（町名の雑司が谷とは表記が異なる）は北隣の停留場だ。そこで乗換場所を誤解しないようにと、都電側が後者を「都電雑司ケ谷」と改称することになった。鬼子母神前で接続するなら、新しい地下鉄の駅が「鬼子母神前」を名乗れば混乱しないだろうに、これでは間違える人が続出しているのではないだろうか。

本来なら後から来た方が合わせるのが礼儀（?）だろうに、路面電車を「格下」に見ているのか、それとも現在の住居表示によれば雑司が谷駅の方が豊島区雑司が谷に位置している「強み」か、または地元の希望が強かったのか。ちなみに都電の雑司ヶ谷停留場は今でこそ豊島区南池袋だが、かつてはレッキとした雑司ヶ谷町のエリアで、逆に鬼子母神前の方が雑司ヶ谷の端で、高田本町との境界線上にあった。なかなか難しい問題である。

われこそは真ん中の駅なり――中央○○駅・本○○駅

都心には人が集まる。鉄道、特に後発の私鉄には「都市の真ん中へ行けますよ」と乗客に訴えかけるため、都心を連想させる駅名にする例は少なくない。

群馬県の前橋まで鉄道が開通したのは明治一七年（一八八四・前橋仮駅）と古く、利根川を渡って現在地に前橋駅ができたのは明治二二年（一八八九）のことである。当時は市街の南端

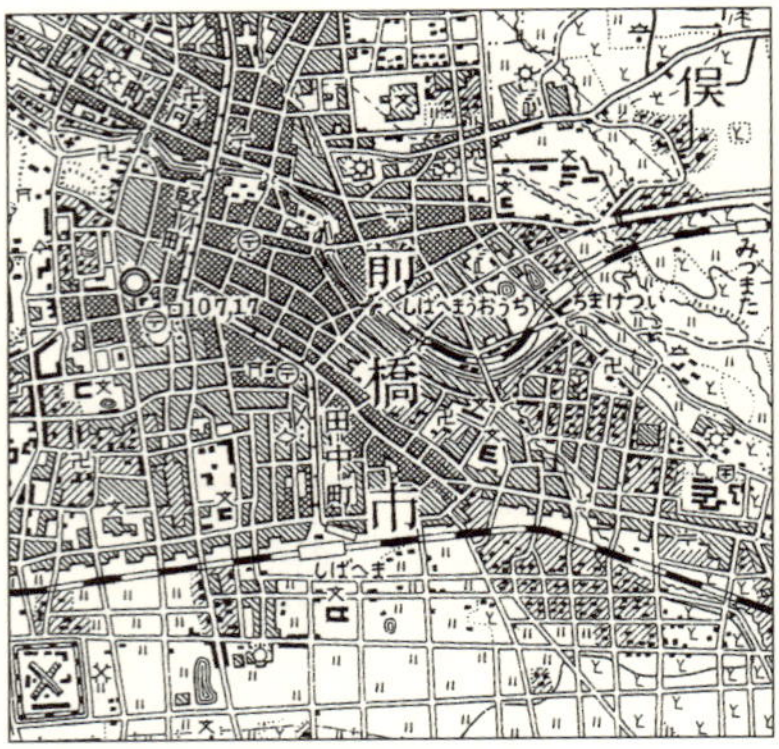

1:50,000「前橋」昭和４年修正

で駅の南側には田んぼが広がっていたが、旧来の中心地たる本町にほど近い広瀬川沿いに上毛《じょうもう》電気鉄道が桐生の町（西桐生）と結ぶ鉄道を昭和三年（一九二八）に開業、その名も中央前橋駅を設けた。

頭に中央の付く駅としては青森県弘前《ひろさき》市にも中央弘前駅がある。津軽藩の大城下町である弘前に奥羽本線の駅ができたのは明治二七年（一八九四）であるが、その場所は市街地の東の外れであった。これに対して戦後の昭和二七年（一九五二）に開通した弘前電気鉄道（現弘南《こうなん》鉄道大鰐《おおわに》線）は旧市街の中心である土手町や一番町などに近いターミナルを設け、ここを中央弘前と名付けている。

中央が下に付くのは京浜急行の横須賀中央駅。国鉄（現ＪＲ）横須賀線の横須賀駅は「軍港前」とでも称すべき場所にあって中心市街からは遠かった。同路線が軍事的要請で建設されたものだから仕方がないとしても、中心部から離れているので住民には不便で、昭和五年（一九三〇）に湘南電気鉄道（現京浜急行電鉄）が中心市街に接して横須賀中央駅を設置、市民は恩恵にあずかったのである。

これら歴史の長い「都市の中央駅」に対して、千里《せんり》ニュータウンの中央に設けられた北大阪

上：JR 鹿児島本線「鹿児島中央」駅、
下：JR 九州新幹線「鹿児島中央」駅
（上下：鹿児島県）

弘南鉄道大鰐線「中央弘前」駅
（青森県）

急行電鉄千里中央駅（昭和四五年仮駅開業）あたりから、ニュータウンなど大規模住宅地の中央部に位置する駅に「中央」と名付けるケースが増えてくる。たとえば日生《にっせい》中央（昭和五三年・能勢《のせ》電鉄日生線・兵庫県猪名川《いながわ》町）、千葉ニュータウン中央（昭和五九年・北総《ほくそう》鉄道）、西神《せいしん》中央（昭和六二年・神戸市営地下鉄）などが相次いで誕生した。

多摩ニュータウンの場合は多摩センター（小田急・京王はそれぞれ会社名を冠称）と英語が使われており、駅名標の英語表記はローマ字でなくCenterとなっている。ついでながら中国語表記は「多摩中心」。横浜市営地下鉄は港北ニュータウンを通っているが、駅が中心部に二つ設けられているのでセンター北・センター南と名付けられている。

中央の仲間が「本」の付く駅だ。小田急の本厚木駅は、すでに相模川の東に厚木駅がすでに設置されていた（現JR相模線・海老名市内）ため、後から来た小田急が当初相模厚木駅と命名、その後昭和一九年（一九四四）に現在の本厚木に改称したものである。青森県の本八戸駅も前述のとおり旧市街の最寄り駅で、昭和四六年（一九七一）までは八戸駅だった。それが東北本線の尻内《しりうち》駅が八戸と改称したのに伴って後で「本」が付けられている。

中の付いた駅もある。中心市街地を意識したものとしては中岡崎（愛知環状鉄道・愛知県）、中新湊《しんみなと》（万葉線・富山県）、中津幡《つばた》（七尾線・石川県）、中滑川《なめりかわ》（富山地方鉄道本線・富山県）などがあるが、長崎県佐世保市には中と中央が隣り合っている。いずれも松浦鉄道の駅で、中佐世保と佐世保中央の二駅はわずか二〇〇メートル（中心間）ほどしかない。昭和三六年（一九六一）の国鉄松浦線時代に中佐世保駅が設置されたが、その後国道三五号を渡ったすぐ先にジャスコ（現イオン）のショッピングセンターに横付けして佐世保中央駅が平成二年（一九九〇）に開業した。そんなに近いのになぜ、と思われるかもしれないが、距離は近くても交通量の多い六車線の国道を横切るには横断歩道を迂回しなければならないこともあって乗客にとっては実質的に遠く、それを解消すべく設置された。「中央効果」はあったようで、乗客増に大いに貢献したそうだ。ちなみにこの駅間、路面電車を除けば日本で最短の駅間距離である。

中央大学・明星大学駅、太子橋今市駅——連称駅名

東京都の多摩地区を南北に走る多摩モノレールには「中央大学・明星《めいせい》大学」という駅がある。

文字どおり二つの大学への最寄り駅として命名されたものだ。平日の二時間目の授業の直前にあたる九時頃の電車に乗れば車内は若者衆で満員、ここで大半が降りて車内は一気に空席が目立つようになるが、次の大塚・帝京大学駅で残りの学生が降りて閑散となる。

この二駅はいずれもナカグロ「・」でつないだ駅名だが、特に前者の駅名はどちらの大学を先にするか関係者を悩ましたと聞く。結局は利用者数の多い方を先にしたらしいが、「五〇音順」という言い訳もできそうだ。後者の大塚・帝京大学駅も、地元の地名を付けるのか、多くの学生が利用する大学名を採用するかで葛藤があったのではないだろうか。

1:25,000「武蔵府中」平成19年更新

筆者の記憶によれば、最初にナカグロの駅名を採用したのはJR吾妻《あがつま》線の万座・鹿沢《かざわ》口駅（群馬県）だった。昭和四六年（一九七一）のことだが、万座温泉は北へ一二キロ、鹿沢温泉は西に一八キロも離れた所（道路距離）にある。バスで三〇～四〇分もかかる所、しかもお互い遠く離れた場所への「入口」をアピールしたのはある意味で斬新だった。いずれにせよ、万座温泉としては「万座温泉口駅」を希望しただろうし、鹿沢は当然「鹿沢温泉口駅」を主張したのだろう。当地にかつて走っていた草軽電気鉄道にはほぼ同じ場所

阪急電鉄宝塚線「雲雀丘花屋敷」駅（兵庫県）

に上州三原と地味な名前の駅があったが、やはり観光の時代ならではの新命名といえる。

駅名を決めるのは難しい。たくさんの町名が隣接する都市部では、その中からどれを選ぶかで時に火花が散る。平成二〇年三月三〇日に開通したばかりの横浜市営地下鉄グリーンラインの「都筑《つづき》ふれあいの丘」という駅は、工事中の仮称は地元の町名「葛《くず》が谷《や》」だったが、「葛が谷の住民だけが利用するわけではない」という意見が通り、複合施設の名称をとって、結局は「非地名系」が採用された。フレアイ希薄な時代の反映だろうか。二つの駅を単純につないだのが阪急宝塚線の雲雀丘花屋敷《ひばりがおかはなやしき》駅。

特定の町名を名乗るのが難しい「民主主義」の時代を反映してか、連称駅名は激増している。最もそれを実感できるのは大阪の地下鉄路線図だが、太子橋今市、四天王寺前夕陽ケ丘、駒川中野、喜連瓜破《きれうりわり》（以上谷町線）、西中島南方《みなみがた》（御堂筋線）、ドーム前千代崎、今福鶴見（長堀鶴見緑地線）、新森古市《しんもりふるいち》、関目成育《せきめせいいく》、だいどう豊里（今里筋《いまざとすじ》線）といった具合に駅名を覚えるのも大変だ。

特に長堀鶴見緑地線など、線名そのものが連称であるため、「長堀鶴見緑地線ドーム前千代崎駅」など、一回聞いただけではまず記憶できそうにない。やはり交通機関は「銀座線京橋駅」のようなオウム返しに言える程度のものが利用者にとっては便利なのではないだろうか。東京の地下鉄には連称駅名が少なかったが、新しい路線には少しずつ出現している。大江戸線の落合南長崎、若松河田《かわだ》、清澄白河、銀座線・南北線の溜池山王《ためいけさんのう》（銀座線にも新設）、赤羽岩淵、王子神谷《かみや》などがそうだ。

見てきたように、連称にはいくつかタイプがある。近隣の同レベルの地名を並列したものが最も一般的だが、前述の王子神谷や牛込神楽坂（大江戸線）のように広域地名を冠する連称もあり、また最近目立つのは大学や体育館などの施設名と地名を組み合わせるものだ。冒頭に挙げた大塚・帝京大学を始め、名古屋市にはナゴヤドーム前矢田《やだ》（地下鉄名城《めいじょう》線）、大森・金城

上から都営地下鉄大江戸線「落合南長崎」駅、「若松河田」駅、「牛込神楽坂」駅、「牛込柳町」駅

JR 山陽本線「西川原・就実」駅（岡山県）

学院前（名鉄瀬戸線）がある。福岡市営地下鉄には千代県庁口という駅もこのタイプであるが、先日この路線に乗ったら「県庁・県警察本部へは次の馬出《まいだし》九大病院前が便利です」というアナウンスがあった。そちらも連称駅で覚えにくいが、つまり県庁へ行く人は県庁口で降りるな、ということである。どんな事情があるのか外来者にはさっぱりわからない。事情といえば山陽本線の岡山の東隣にある西川原・就実駅（就実大学の前）。駅名標や車内アナウンスではこの表記なのに、市販の時刻表やその索引地図では「西川原」である。これも話せば長い……。

東西南北の駅あれこれ

駅名に東西南北が付くものは非常に多い。だいぶ昔の刊行物であるが、ＪＴＢの今はなき『旅』の二〇〇二年八月号に「駅名総覧９８２０」という充実した付録が付いていた。現在までボロボロになるまで愛用しているこの冊子でざっと数えてみたら、東の付く駅は二二八、西は二五三、南が一三三、北が一六一もあった。東西南北を合わせれば全駅の約八パーセントを占める勘定だ。ちなみに同じ場所の駅でも各社一駅ずつ数え、また地名に東西南北を冠したものでない、たとえば「北浜駅」なども混じっているので厳密な数字ではないけれど。

さて、東西南北の揃った駅として有名なのがさいたま市の浦和で、東浦和・西浦和・南浦

右上：JR 飯田線「伊那北」駅（長野県）、右下：JR 鹿児島本線「都府楼南」駅（福岡県）、左上：名鉄築港線「東名古屋港」駅（愛知県）、左下：JR 中央本線「西荻窪」駅（東京都）

和・北浦和・中浦和・武蔵浦和の六つが、中心たる浦和駅の周辺にぎっしり配置されている。おおむね大きな駅の周囲にはそんな東西南北の付く駅は目立ち、日本一の乗降客数を誇る新宿駅の隣にも東新宿（地下鉄大江戸線・副都心線）、西新宿（丸ノ内線）、南新宿

上から都営地下鉄大江戸線「東新宿」駅、「新宿西口」駅

(小田急線)、おまけに新宿西口(大江戸線)もあって賑やかだ。

たいていは浦和や新宿のように東や西の付かない駅が表玄関であるが、中には「本家」をしのいで市の代表駅の座を占めている例外的なものもある。最も有名だったのが西鹿児島駅で、鹿児島本線と日豊本線の終点はどちらも「帳簿上」は鹿児島駅だが、列車の行き先はほとんど西鹿児島だった。昔は武《たけ》駅と称して町はずれにあったのだが、鹿児島本線が昭和二年(一九二七)に人吉回り(現肥薩《ひさつ》線経由)から海岸回りになったのを機に西鹿児島と改称された。その後は市街地が南西へ発達するに従って事実上の中心駅と化していったのである。ここも西鹿児島と改められてから実に七七年後、平成一六年(二〇〇四)に九州新幹線が開通した際に「鹿児島中央」と改められている。他には東三条(新潟県三条市・信越本線)、東萩(山口県萩市・山陰本線)などの例があるが、旧東和歌山駅は、従来の和歌山駅(現紀和《きわ》駅)から和歌山の名を奪って二代目の和歌山駅に「昇進」している。

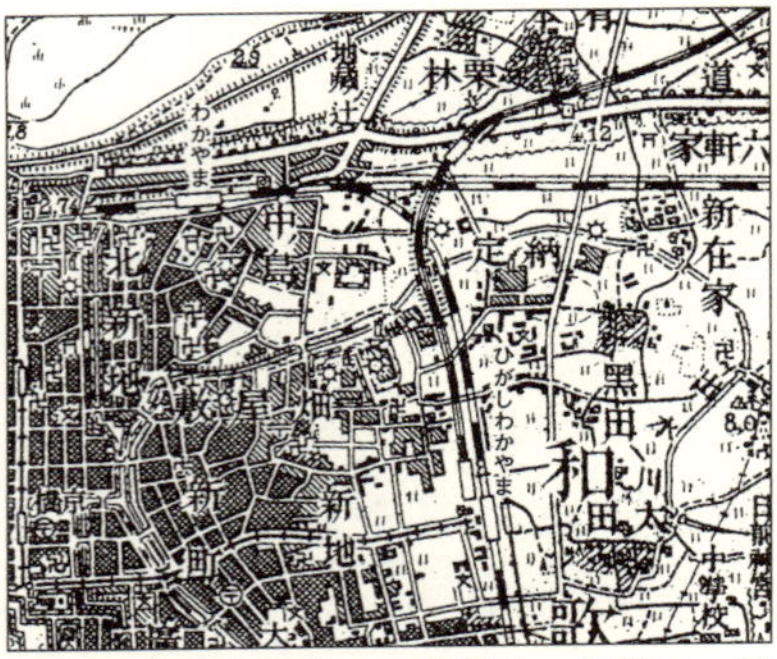

昭和 43 年に東和歌山→和歌山、和歌山→紀和と改称。
1:50,000「和歌山」昭和 23 年資料修正

東西南北といっても、「本家」から遠く離れているものもある。たとえば西武池袋線の東長崎駅と東久留米駅、北海道・千歳線の北広島駅などは、それぞれ長崎県の長崎駅、福岡県の久

留米駅、山陽本線の広島駅と区別するために東や北を付けた。普通の感覚なら地元利用者の間だけで通じれば良さそうなものだが、特に貨物の「連帯輸送」を行う際に同じ駅名があっては不都合と考えられ、大正時代から同名の駅に「武蔵」「会津」などの旧国名・地方名を付けて区別したのと同様に東西南北が用いられたのだ。

その駅名もやがて地元に定着し、所在地の町村が市制施行する際は駅名にならって久留米町→東久留米市、広島町→北広島市のように市名として採用されることも多い。市名も旧自治省の方針によりやはり「同名を避ける」原則で決められてきた背景があり、ちょうど馴染みの駅名が新市名として受け入れやすかった、という事情があるのだろう。

西武鉄道池袋線「東久留米」駅（東京都）

「東の駅」ばかりが目立つ線もある。大阪の天王寺から和歌山を結ぶＪＲ阪和《はんわ》線だ。この路線は昭和五年（一九三〇）に私鉄の阪和電気鉄道として全線開通したもので、すでに南海鉄道（現南海電気鉄道）が大阪・和歌山の両都市を結んでいたため、阪和はその東側の人家の少ないエリアを通ったのである。市街から遠い不利を補うべくハイスピードを売り物とし、六一キロを四五分で結ぶ、戦前としては破格の速さを誇るノンストップの「超特急」を運転していた。その後は「南海山手線」を経て国鉄阪和線となるのだが、阪和時代の**阪和岸和田**、**阪和貝塚**はそれぞれ東岸和田、東貝塚と改称、以前からの東佐野駅を合わせ、今でも「東駅」の目立つ線となっている。

乗り降りできない「駅」——信号場

「国境の長いトンネルを抜けると雪国であつた。夜の底が白くなつた。信号所に汽車が止まつた。」有名な川端康成『雪国』の冒頭部分であるが、周知の通り「長いトンネル」とは上越線の清水トンネルのことで、この小説が発表された六年前の昭和六年（一九三一）に開通した当時、九七〇二メートルは日本一の長さであった。

「汽車が止まつた」信号所とは当時の土樽《つちたる》信号場で、川端康成が用いた「信号所」は大正時代までの古い用語である。現在のJRではすべて「信号場」という用語に統一されているが、一部の私鉄では今も信号所と称するところもある。明治の二〇年代までは合図所などとも呼ばれた。

信号場というのは主に単線区間で駅以外に列車が行き違いできる、もしくは駅以外の場所で線路が分岐する箇所に設けられる。場合によってはスイッチバックで折り返す地点、車庫への分岐線などに設けられることもある。根室本線（旧線）の狩勝峠《かりかちとうげ》の手前には明治四〇年（一九

○七）に「狩勝給水給炭所」として開設されたが、厳しい急勾配で多くの石炭と水を消費していた蒸気機関車時代の難所の雰囲気が伝わってくる。大正一一年（一九二二）四月一日にはこの「給水給炭所」を含め、全国の信号所とそれに類する施設はおおむね「信号場」に改称された。

関東から新潟県への近道として建設された上越線の最後の開通区間である水上《みなかみ》～越後湯沢間は当初単線であったため、信号場が土合《どあい》・茂倉《しげくら》・土樽の三か所に設けられた（うち土合・土樽はその後駅となった）。当初これらを「駅」としなかったのは、沿線に人家がほとんどなかったためだろう。ただ、開業間もなくから土合・土樽の両駅ではスキーの季節に列車が止まり、乗り降りできる状態だったので、「夜の底が白く」なる時間はともかく、昼間の列車はスキー客を降ろしたかもしれない。

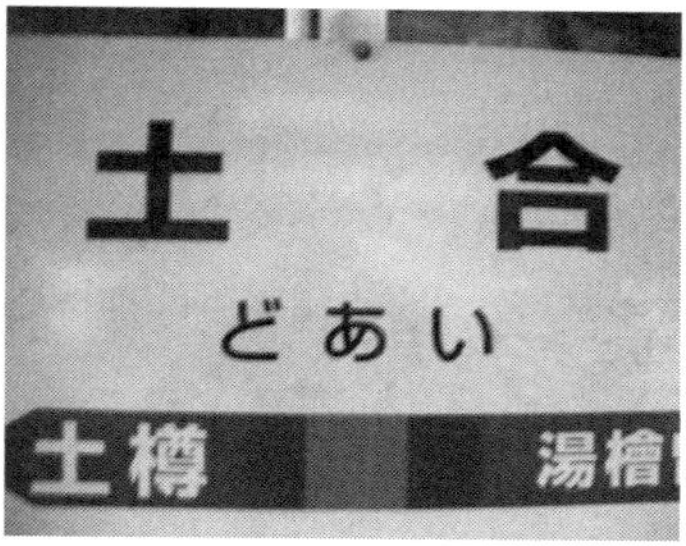

JR上越線「土合」駅（群馬県）

さて残りの茂倉信号場だが、これは清水トンネル内なので一般客は乗り降りできなかった。信号場は今でこそ遠隔操作でポイントを動かすことができるが、当時は係員が詰めていて、地下深くでひっそりと重要な任務をこなしていた。茂倉とは真上にある三国（越後）山脈の茂倉岳からとった名称であるが、その形態から「モグラ信号場」と俗称されていたそうだ。

信号場の名称というのは、一般の駅名と違って観光的なアピールをする必要がないので、その土地の小字《こあざ》の名とか峠の名

JR「旭川」駅（北海道）

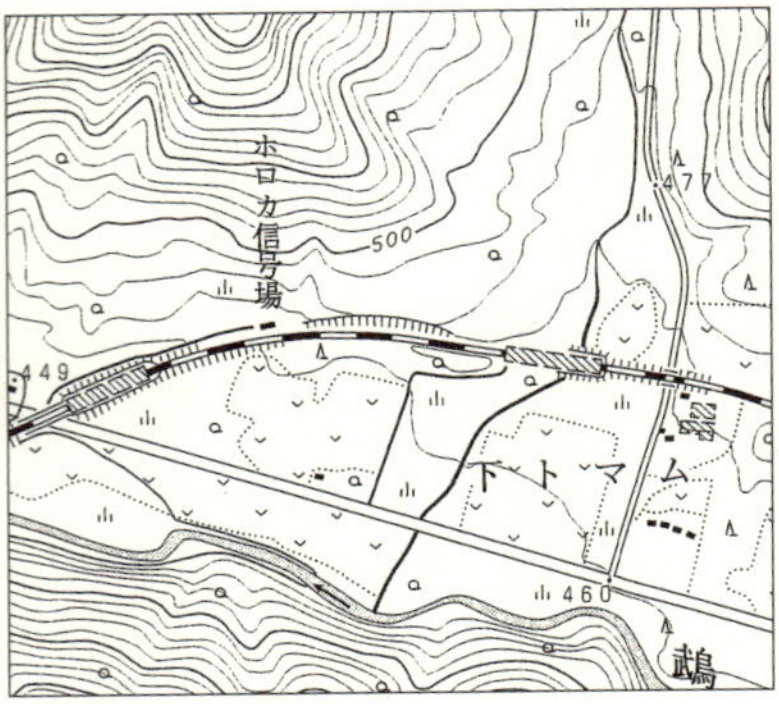

石勝線のホロカ信号場。
1:25,000「下トマム」平成13年改測

前、便宜的な名称など「普段着の名前」が付けられることが多い。たとえば北海道の石勝《せきしょう》線は人煙稀な山間地を通るが、このため新夕張～占冠間に五か所、次のトマムまでに三か所、新得までに五か所もの信号場が連続する。名称はオサワ、東オサワ、ホロカなど、現地のアイヌ語由来のカタカナ字名がそのまま使われていて、これがいかにも広大な原生林の広がる地域にふさわしい印象だ。

険しい峠越えをする鉄道には、先ほどの狩勝信号場以外にも人里離れた山の中に設けられたものは多い。同じ北海道の旭川～網走間を結ぶ石北《せきほく》本線にはスイッチバック式の設備を備えた常紋《じょうもん》信号場が常紋トンネル南口に設けられている。ここは蒸気機関車時代に急勾配の難所で知られていたが、建設当時に劣悪な条件下のタコ部屋労働で百数十人の犠牲者が出た「近代日本史の暗闇」を象徴する場所だ。ちなみに常紋とは常呂《ところ》郡と紋別郡の境界に位置することにちなむ。

中央本線の小仏《こぼとけ》峠には、単線時代に小仏トンネル東口付近に

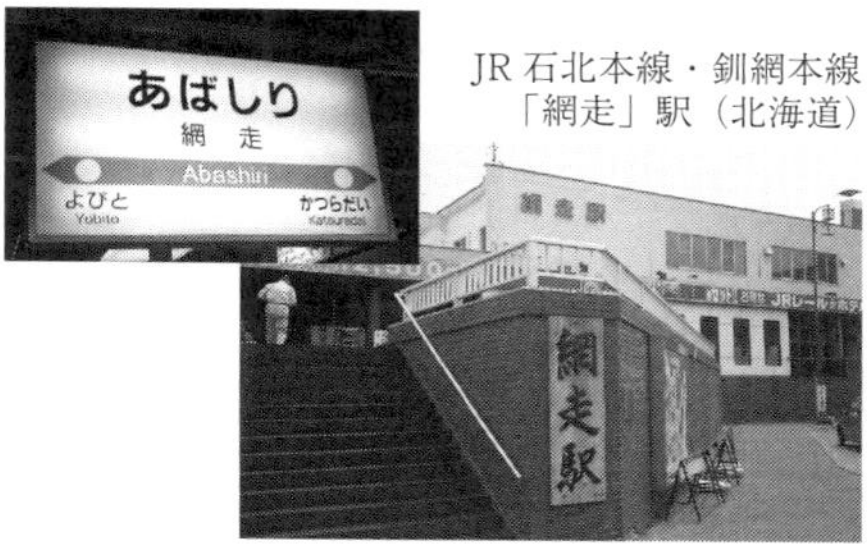

JR 石北本線・釧網本線
「網走」駅（北海道）

小仏信号場が設けられていたし、北陸本線の旧線（敦賀～今庄間）にあった山中峠を貫く山中トンネル東口には**山中信号場**がスイッチバック式で昭和三七年（一九六二）まで存在した。

茂倉信号場のような「モグラ式」は単線の長いトンネル内にいくつか現存する。仙台と山形を結ぶＪＲ仙山線の仙山トンネル内には**面白山《おもしろやま》信号場**（山形県）、長崎本線長崎トンネル内に**肥前三《み》川《かわ》信号場**、そして西武秩父線の正丸《しょうまる》トンネルの中には、そのものズバリの**正丸トンネル信号場**もある。信号場にはたいてい駅名標がなく、時刻表にも掲載されていないので見過ごしがちで、運転席の真後ろに張り付いて前方を凝視している人だけがニンマリと確認できたりするのだ。

ワケあって何度も改称を繰り返した駅

首都大学東京という大学がある。地名が最後に来る大学というのは珍しいが、ちょっと前まで東京都立大学といった。キャンパスの所在地は平成三年（一九九一）以来ずっと多摩ニュー

東京急行電鉄東横線「学芸大学」駅、「都立大学」駅（東京都）

タウンの南大沢だが、それでも東急東横線の都立大学駅（東京都目黒区）と、隣の学芸大学はいずれもキャンパスが移転した後も長らく健在である。

東急は平成一一年（一九九九）に沿線住民に対してアンケート調査を行った。学芸大学と都立大学の両駅が「実質」と異なる表記をしているので、そろそろ駅名を地元の地名に変更してはどうか、という提案だ。ごく稀にではあるが、受験生が間違って駅に降り立つことがある背景も考慮したらしい（さすがに「都立大学」は大学名が変わって現存しないので皆無だろうが）。具体的には都立大学駅なら柿の木坂または平町《たいらまち》、学芸大学は碑文谷《ひもんや》や鷹番《たかばん》などであるが、アンケート結果、「改称すべき」とする住民が少数に留まったため当面は現駅名を維持することになった。

近隣に学芸大学や都立大学の名を冠するマンションが多数存在することに明らかなように、両駅名がすでに「大学町ブランド」として確立されていることをアンケート結果は証明したのではないだろうか。もともと東京横浜電鉄・田園都市会社が沿

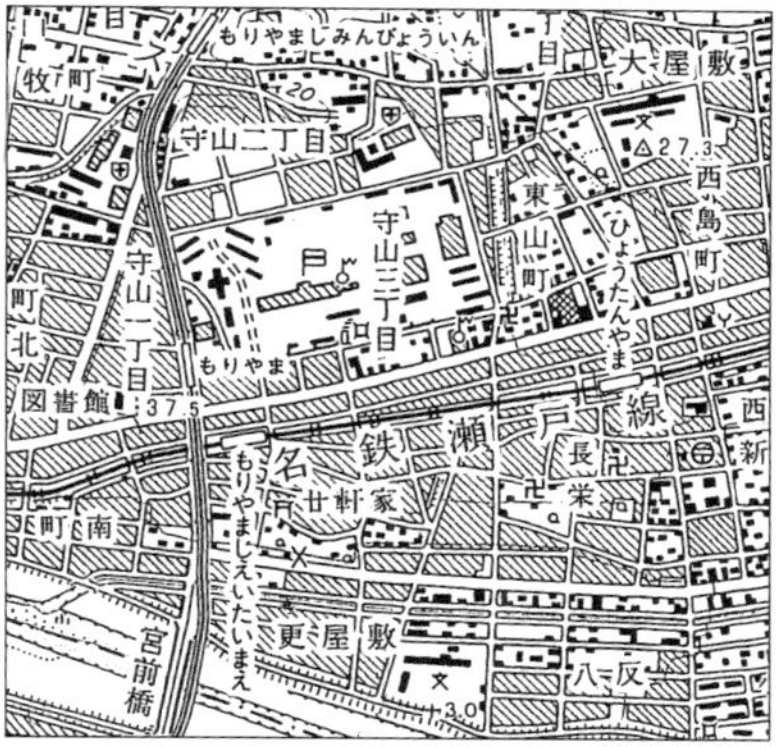

1:25,000「名古屋北部」平成13年修正

東武鉄道伊勢崎線「とうきょうスカイツリー」駅（東京都）

線に学園都市を計画し、その核として両大学（当時は青山師範学校および東京府立高等学校）を誘致したのがきっかけだが、その営業戦略の成功は戦後も田園都市線沿線などに舞台を移して続いている。

都立大学駅は昭和二年（一九二七）に柿ノ木坂駅として開業したが、同六年には東京府立高等学校の進出に伴って府立高等前と改称した。同一一年にはなぜか「前」を外して府立高等に、さらに同一八年には東京府と東京市が統合して「東京都」が誕生したことを受けて都立高校と改め、戦後は学制改革で新制東京都立大学となったのを受けて昭和二七年（一九五二）に都立大学と四度目の改称が行われた。隣の学芸大学も同様な改称が相次いでいるが、以前にも述べたが「前」の付く駅名は改称回数が多い傾向にある。

「前」以外の駅では、近鉄名古屋駅が四回の改称を経験した。昭和一三年（一九三八）の開通当初は関西急行電鉄だったので関急《かんきゅう》名古屋、同一五年には参宮急行電鉄の路線となったので参急《さんきゅう》名古屋、翌年には関西急行鉄道となって再び関急名古屋、戦時中の昭和一九年には戦時陸運統合政策により近畿日本鉄道が誕生したのに合わせて近畿日本名古屋《きんきにっぽん》と改められた。社名変更はここでおしまいだが、大阪万博の開催された昭和四五年（一九七〇）には「近畿日本」という冠称を一斉に「近鉄」と改めた際に近鉄名古屋となり、現在に至っている。

東武東上線の和光市駅も三回変わった。昭和九年（一九三四）に新設された当初は新倉駅。「にいぐら」と濁ったが、これが同年七月におそらく現地呼称に合わせて読みを「にいくら」に改めている。昭和二六年（一九五一）の改称で大和町《やまとまち》駅に変わったが、これは戦争中の昭和一八年（一九四三）に新倉村が隣の白子《しらこ》村と合併して大和町になったためだ。三度目の改称で和光市となるが、大和町が市制施行する際、大和市がすでに神奈川県に存在するため新市名は「瑞祥地名」の和光市に決まり、昭和四五年（一九七〇）一〇月三一日の市制施行に少し遅れた同年一二月二〇日に駅名は改称された。自治体名に合わせて改称を繰り返した例である。

当然ながら施設名と自治体名が複合すると改称回数も多くなるが、名古屋鉄道瀬戸線の守山自衛隊前駅はその代表例だろう。明治三八年（一九〇五）の開通時に聯隊《れんたい》前と称したのは陸軍歩兵第三三聯隊の前に設けられたからだが、昭和一六年（一九四一）には二十軒家《にじっけんや》（町名の表記は廿軒家）と改称めている。聯隊が移転したわけではなく当時の防諜政策によるもので、日本全国に多数あった軍関係の施設等を名乗る駅は昭和一五年（一九四〇）前後に相次いで地名に改称させられている。

戦後の昭和二一年（一九四六）には町の中心であることを意識してか守山町《ちょう》と改称した。

同二九年に市制施行したので翌三〇年に守山市と改称したのだが、昭和三八年（一九六三）には名古屋市に編入されて守山区になった。しかし駅名を「守山区」とするのに違和感があったのか、しばらく悩んだ末に（？）元の聯隊ならぬ自衛隊駐屯地にちなんで守山自衛隊前と四度目の改称をした。そう難しく考えずに「守山駅」にすれば良かったという意見も予想できるが、あいにく滋賀県にも東海道本線に守山駅がある。駅名を付けるのもけっこう難しいものである。

神田と苅田、仙台と川内――同音異字駅

以前、仙台在住の知人宛に結婚の祝電を打った時に、ＮＴＴの電報担当者は「宮城県の仙台ですね」と念を押した。決まっているじゃないかと思いつつ、なるほど鹿児島県にも川内市《せんだい》があった（現薩摩川内市）と腑に落ちたものである。市名では和泉市《いずみ》（大阪府）と出水市《いずみ》（鹿児島県）、鹿島市（佐賀県）と鹿嶋市（茨城県）、北杜市《ほくと》（山梨県）と北斗市（北海道）など意外に多い。そのような「同音異字駅」はどんなものがあるだろうか。

手始めに山手線の駅と同音異字を探してみると、三つもあった。たとえば恵比寿駅と神戸電鉄粟生《あお》線の恵比須駅。エビスは「えびす神社」にまつわる地名が全国的に多く、字の種類もこの二つの他に恵美須、夷、戎、蛭子などさまざまである。阪堺《はんかい》電気軌道阪堺線の起点は恵美須

JR 山手線「恵比寿」駅（東京都）

1:50,000「行橋」
平成８年修正

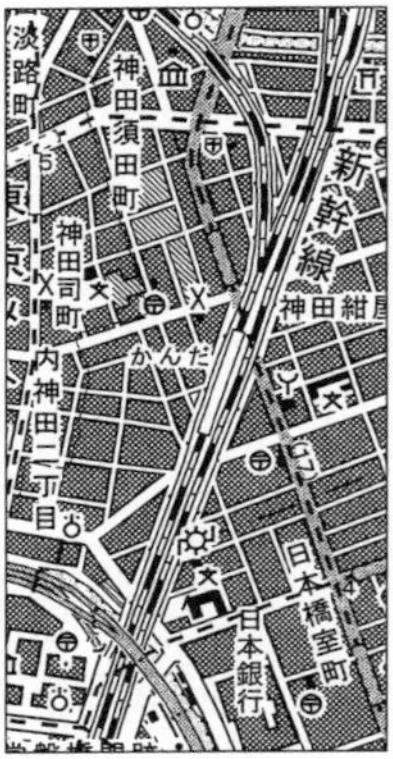

1:25,000「東京首部」
平成 17 年更新

町《ちょう》。山手線の恵比寿駅は明治三四年（一九〇一）に神社ではなくヱビスビールの工場に隣接した貨物駅として発足したので「ブランド名」であるが、そのビールのキャラクターに見られるように「えびす」は漁業の神様として全国各地で祀られている。神戸電鉄恵比須駅の所在地は大塚だが、駅の近くには字は異なるが戎神社があって、神姫《しんき》バスの停留所名はカタカナの「エビス」。なかなか複雑だ。

　神田にも同名異字駅がある。福岡県の日豊本線苅《かん》田《だ》駅（京都《みやこ》郡苅田町）だが、この地名は古代に刈田、賀田などと表記し、読みはカタもしくはガタだったらしい。干潟の広がる海に面しており、これが由来とする説もあるそうだ。しかし中世には神田とも書かれたようで、それがカンダの読みを誘発したのだろうか。全国各地に点在する神田の地名は、神社を維持するための田んぼ、もしくは「神社領の田」が由来という。

　ちなみに苅田駅は明治二八年（一八九五）の開業時は刈田と表記していたが、同四〇年には村の名に合わせて苅田と改めた。しかし大正七年（一九一八）には読みを「かりた」に変更してしまう。この時期は全国に存在する同名駅に対し、混同防止のため旧国名を付ける（境→武蔵境、境→羽後境など）政策が行われた時期にあたるから、東京の鉄道院（鉄道省の前身）の意向で変えさせられたのかもしれない。昭和三四年（一九五九）には、地元の強い希望があったためか、再び「かんだ」に戻されている。

もうひとつ、東京の田端《たばた》と同名異字駅なのは長野県の飯田線田畑駅。信州伊那谷の北、上伊那郡南箕《みの》輪《わ》村にある。田畑の集落は天竜川が形成した河岸段丘の上の三州《さんしゅう》街道に沿っているが、駅は段丘下の天竜川に面したところにあり、このあたりの車窓からは東に赤石山脈（南アルプス）、西に木曽山脈（中央アルプス）を望むことができる。

JR山手線「田端」駅（東京都）

日本の地名は、漢字が入ってくる以前から存在したものに後世になって字を当てたものが多いため、同音異字地名が必然的に大量発生するのであるが、北海道のアイヌ語由来の地名も例外ではない。言語的な差異のため一層「当て字感」が強く、字を当てる人のセンスによってまったく違うものが各種誕生した。たとえばシベツといえば士別市と標津町（根室管内）の二か所あり、いずれも「大きな川」の意味であるが、漢字の当て方は「シ・ベツ」「シベ・ツ」と異なる。しかし音は同じなので、宗谷本線の士別駅に対して、旧標津線では根室標津駅（標津線・廃止）と旧国名を冠して区別していた。

近鉄田原本線「新王寺」駅（奈良県）

JR 関西本線・和歌山線「王寺」駅（奈良県）

京浜急行電鉄本線「神奈川」駅（神奈川県）

その他の同名異字駅を五〇音順の駅名リストから拾ってみよう。相生（山陽本線・兵庫県）と相老（東武桐生線他・群馬県）、阿蘇（豊肥本線・熊本県）と阿曽（紀勢本線・三重県）、一分《いちぶ》（近鉄生駒線・奈良県）と一武（くま川鉄道・熊本県）、井野（上越線・群馬県）と伊野（土讃線・高知県）、臼杵《うすき》（日豊本線・大分県）と宇宿（指宿《いぶすき》枕崎線・鹿児島県）、王子（東北本線・東京都）と王寺（関西本線・奈良県）、尾久《おく》（東北本線・東京都）と邑久（赤穂線・岡山県）、小幡《おばた》（名鉄瀬戸線・愛知県）と小俣（近鉄山田線・三重県）、神奈川（京浜急行・神奈川県）と金川（津山線・岡山県）などなど、ア行から拾ってカ行に入ったばかりだが、このまま挙げていくと紙数が尽きる。意外なほど同音異字駅は多い。

聯隊前（旧称）（名鉄瀬戸線／愛知県）……………………………… 142

【ろ】

芦花公園〔ろかこうえん〕（京王線／東京都）……………………………55
鹿王院〔ろくおんいん〕（京福電鉄嵐山線／京都府）……………………37
六郷土手（京急本線／東京都）……………………………………………70

【わ】

若松（筑豊本線／福岡県）…………………………………………………88
若松河田（都営地下鉄大江戸線／東京都）…………………………… 131
和歌山（紀勢本線／和歌山県）……………………………………98, 134
和歌山（旧称）（紀勢本線／和歌山県）………………………………98, 134
和歌山市（南海電鉄／和歌山県）…………………………………………98
和歌山大学前（南海本線／和歌山県）……………………………………33
和倉温泉（七尾線／石川県）………………………………………………46
和光市（東武東上線／埼玉県）…………………………………………… 142
渡辺橋（京阪中之島線／大阪府）…………………………………………85

四日市（関西本線／三重県）……………………………………………… 120
四ツ橋（大阪メトロ四つ橋線／大阪府）……………………………………85
四ツ谷（中央本線・東京メトロ丸の内線／東京都）………………………92
四谷三丁目（東京メトロ丸ノ内線／東京都）………………………………92
淀屋橋（大阪メトロ御堂筋線／大阪府）……………………………………85
余部〔よべ〕（姫新線／兵庫県）……………………………………………26

【ら】

礼拝〔らいはい〕（越後線／新潟県）………………………………………18

【り】

陸中大石（旧称）（北上線／岩手県）……………………………………73
陸中川尻（旧称）（北上線／岩手県）………………………………… 46, 73
陸中野田（三陸鉄道北リアス線＊／岩手県）………………………………76
リゾートゲート・ウェイ・ステーション（ディズニーリゾートライン／千葉県）… 116
竜ヶ崎（関東鉄道竜ヶ崎線／茨城県）………………………………………92
龍ケ森（旧称）（花輪線／岩手県）…………………………………………67
龍安寺（京福電鉄北野線／京都府）…………………………………………37
両国（総武本線／東京都）………………………………………………… 86, 97
両国橋（旧称）（総武本線／東京都）………………………………… 86, 97
領石通〔りょうぜきどおり〕（とさでん交通後免線／高知県）………………79

【る】

ルイス・C・ティファニー庭園美術館前（旧称）（一畑電車／島根県）…………… 2

【れ】

霊園前（旧称）（札幌市営地下鉄南北線／北海道）……………………… 105
レイクエコー・白浜少年自然の家・なめがたファーマーズヴィレッジ中央
（バス停・茨城県行方市内／茨城県）………………………………………… 4
レジャーセンター中央警察署前（廃止）（仙台市電／宮城県）……………… 4

【や】

八尾（関西本線／大阪府）……………………………………………………… 7
八幡（鹿児島本線／福岡県）……………………………………………………88
八広（京成押上線／東京都）……………………………………………………71
山田（阪急千里線／大阪府）……………………………………………………52
山田（旧称）（参宮線／三重県）……………………………………………90
大和町〔やまとまち〕（旧称）（東武東上線／埼玉県）……………………… 142
山中信号場（廃止）（北陸本線／福井県）………………………………… 139

【ゆ】

ユーカリが丘（京成本線／千葉県）………………………………………50, 115
湯河原（東海道本線／神奈川県）…………………………………………………47
弓削〔ゆげ〕津山線／岡山県）……………………………………………………22
湯田温泉（山口線／山口県）………………………………………………………46
ゆだ錦秋湖（北上線／岩手県）……………………………………………………72
ゆだ高原（北上線／岩手県）………………………………………………… 67, 73
湯西川温泉（野岩鉄道／栃木県）…………………………………………………76
湯野上温泉（会津鉄道／福島県）…………………………………………………46
温泉津〔ゆのつ〕（山陰本線／島根県）…………………………………………23
湯谷〔ゆや〕温泉（飯田線／愛知県）……………………………………………46
百合ヶ丘（小田急小田原線／神奈川県）…………………………………………50

【よ】

夜明（久大本線／大分県）…………………………………………………………25
八日市（近江鉄道本線／滋賀県）……………………………………………… 120
八日市場（総武本線／千葉県）………………………………………………… 120
横須賀中央（京急本線／神奈川県）…………………………………………… 126
吉野神宮（近鉄吉野線／奈良県）…………………………………………………37
与瀬〔よせ〕（旧称）（中央本線／神奈川県）…………………………………74

妙国寺前（阪堺電気軌道阪堺線／大阪府）……………………………………38
妙心寺（京福電鉄北野線／京都府）…………………………………………37
みらい平（つくばエクスプレス／茨城県）……………………………………52

【む】

六日町（上越線／新潟県）…………………………………………………… 120
武庫川（阪神本線／兵庫県）…………………………………………………70
武蔵五日市（五日市線／東京都）……………………………………………… 120
武蔵浦和（武蔵野線／埼玉県）………………………………………………… 133
武蔵境（中央本線／東京都）…………………………………………………… 123
武蔵白石（鶴見線／神奈川県）…………………………………………………14
撫養〔むや〕（鳴門線／徳島県）………………………………………………38
村山貯水池（旧称）（西武多摩湖線（多摩湖鉄道）／東京都）………………75
村山貯水池際〔ぎわ〕（旧称）（西武狭山線／埼玉県）…………………………75
村山貯水池前（廃止）（西武鉄道村山線／東京都）………………………………75

【め】

明治神宮前（東京メトロ千代田線／東京都）…………………………………35, 102
明大前（京王線／東京都）……………………………………………………32
売布〔めふ〕神社（阪急宝塚線／兵庫県）……………………………………37

【も】

百草〔もぐさ〕（旧称）（京王線（京王電気軌道）／東京都）…………………55
百草園（京王線／東京都）……………………………………………………55
門司（鹿児島本線／福岡県）…………………………………………………88
百舌鳥〔もず〕（阪和線／大阪府）…………………………………………… 8
守山自衛隊前（名鉄瀬戸線／愛知県）………………………………………… 142
守山町（旧称）（名鉄瀬戸線／愛知県）……………………………………… 142
茂林寺前（東武伊勢崎線／群馬県）……………………………………………37

【み】

三浦海岸（京急久里浜線／神奈川県）……62
三河一宮（飯田線／愛知県）……123
三郷〔みさと〕（武蔵野線／埼玉県）……26
水沢（東北本線／岩手県）……90
水沢江刺〔えさし〕（東北新幹線／岩手県）……90
三田（都営地下鉄浅草線／東京都）……26
御嶽〔みたけ〕（青梅線／東京都）……81
三日市（近鉄鈴鹿線／三重県）……120
三日市町〔ちょう〕（南海高野線／大阪府）……120
三越前（東京メトロ銀座線／東京都）……11, 34
緑が丘（神戸電鉄粟生線／兵庫県）……50
みどり湖（中央本線／長野県）……73
みどり台（京成千葉線／千葉県）……63
水無瀬〔みなせ〕（阪急京都線／大阪府）……44
湊町〔みなとまち〕（旧称）（関西本線／大阪府）……97, 98
南阿蘇水の生まれる里白水〔はくすい〕高原（南阿蘇鉄道／熊本県）……2, 67
南ウッディタウン（神戸電鉄公園都市線／兵庫県）……115
南浦和（東北本線（京浜東北線）／埼玉県）……132
南大沢（京王相模原線／東京都）……52
南新宿（小田急小田原線／東京都）……12, 133
南千里（阪急千里線／大阪府）……52
南平岸〔みなみひらぎし〕（札幌市営地下鉄南北線／北海道）……105
南福岡（鹿児島本線／福岡県）……17
美濃市（長良川鉄道／岐阜県）……90
美濃町〔みのまち〕（旧称）（長良川鉄道（越美南線）／岐阜県）……90
美濃青柳〔みのやなぎ〕（養老鉄道／岐阜県）……25
明覚〔みょうかく〕（八高線／埼玉県）……106
妙高高原（えちごトキめき鉄道・妙高はねうまライン／新潟県）……66

弁天（旧称）（函館市電／北海道）……11

【ほ】

伯耆大山〔ほうきだいせん〕（山陰本線／鳥取県）……81
星ヶ丘（名古屋市営地下鉄東山線／愛知県）……50
星ヶ丘（京阪交野線／大阪府）……50
ほっとゆだ（北上線／岩手県）……46, 73
堀ノ内（旧称）（東海道本線／静岡県）……71
ホロカ信号場（石勝線／北海道）……138
本厚木（小田急小田原線／神奈川県）……127
本八戸（八戸線／青森県）……100, 127

【ま】

馬出〔まいだし〕九大病院前（福岡市営地下鉄箱崎線／福岡県）……132
米原（東海道本線／滋賀県）……93
町田（横浜線・小田急小田原線／東京都）……99
松江イングリッシュガーデン（一畑電車／島根県）……2
松江温泉（旧称）（一畑電車（一畑電鉄）／島根県）……46
松江しんじ湖温泉（一畑電車／島根県）……46
松島海岸（仙石線／宮城県）……62
松島公園（旧称）（仙石線（宮城電気鉄道）／宮城県）……62
まつだい（北越急行ほくほく線／新潟県）……112
松原湖（小海線／長野県）……73
松原団地（旧称）（東武伊勢崎線／埼玉県）……33, 51
松久〔まつひさ〕（八高線／埼玉県）……106
馬堀〔まぼり〕海岸（京急本線／神奈川県）……62
マリンパーク（神戸新交通六甲アイランド線／兵庫県）……115
万座・鹿沢〔かざわ〕口（吾妻線／群馬県）……129

雲雀丘〔ひばりがおか〕花屋敷（阪急宝塚線／兵庫県）…… 130
美々〔びび〕（廃止）（千歳線／北海道）…… 8
碑文谷〔ひもんや〕（旧称）（東急東横線／東京都）……39
平原（しなの鉄道／長野県）……57
ひらんだ（大井川鐵道井川線／静岡県）…… 111
弘高下〔ひろこうした〕（弘南鉄道大鰐線／青森県）……33
弘前学院大前（弘南鉄道大鰐線／青森県）……33
広電本社前（広島電鉄市内線／広島県）……11

【ふ】

藤が丘（東急田園都市線／神奈川県）……52
富士川〔ふじかわ〕（東海道本線／静岡県）…… 70, 71
富士山（富士急行／山梨県）……59
富士製鉄前（旧称）（名鉄常滑線／愛知県）…… 9
フジテック前（近江鉄道本線／滋賀県）……10
藤の牛島（東武野田線／埼玉県）……28
富士吉田（旧称）（富士急行／山梨県）……59
二子玉川（東急田園都市線／東京都）……70, 108
二ツ杁〔ふたついり〕（名鉄名古屋本線／愛知県）……19
府中競馬正門前（京王競馬場線／東京都）…… 3
二日市（鹿児島本線／福岡県）…… 120
二日町（旧称）（長良川鉄道／岐阜県）……67
フラワータウン（神戸電鉄公園都市線／兵庫県）……52, 115
府立高等（旧称）（東急東横線（東京横浜電鉄）／東京都）…… 141
府立高等前（旧称）（東急東横線（東京横浜電鉄）／東京都）…… 141
古江（旧称）（一畑電車（一畑電鉄）／島根県）…… 2

【へ】

ベイサイド・ステーション（ディズニーリゾートライン／千葉県）…… 116
別府（日豊本線／大分県）……47

【ひ】

日宇〔ひう〕（佐世保線／長崎県）…… 7
比叡山坂本（湖西線／滋賀県）……81
東一番丁仙台郵便局前（廃止）（仙台市電／宮城県）…… 4
東浦和（武蔵野線／埼玉県）…… 132
東オサワ信号場（石勝線／北海道）…… 138
東貝塚（阪和線／大阪府）…… 136
東岸和田（阪和線／大阪府）…… 136
東久留米（西武池袋線／東京都）…… 134
東佐野（阪和線／大阪府）…… 136
東十条（東北本線（京浜東北線）／東京都）…… 119
東新宿（都営地下鉄大江戸線／東京都）…… 133
東長崎（西武池袋線／東京都）…… 134
東根（奥羽本線／山形県）……53
東萩（山陰本線／山口県）…… 134
東本願寺前（札幌市電／北海道）……37
東和歌山（旧称）（紀勢本線／和歌山県）……98, 134
光が丘（都営地下鉄大江戸線／東京都）……50
肥後橋（大阪メトロ四つ橋線／大阪府）……85
聖高原〔ひじりこうげん〕（篠ノ井線／長野県）…… 66, 68
備前片上（赤穂線／岡山県）……89
肥前三川〔みかわ〕信号場（長崎本線／長崎県）…… 139
日田（久大本線／大分県）……25
飛騨古川（高山本線／岐阜県）……90
一日市〔ひといち〕（旧称）（奥羽本線／秋田県）…… 120
日野（中央本線／東京都）…… 122
日野（近江鉄道本線／滋賀県）…… 122
日野（長野電鉄／長野県）…… 122
ひばりヶ丘（西武池袋線／東京都）……50

【は】

羽犬塚〔はいぬづか〕（鹿児島本線／福岡県）……90
ハウステンボス（大村線／長崎県）……114
南風崎〔はえのさき〕（大村線／長崎県）……18
函館どつく前（函館市電／北海道）……11
函館ドック前（旧称）（函館市電／北海道）……11
土師〔はじ〕（因美線／鳥取県）……21
羽島市役所前（名鉄竹鼻線／岐阜県）……32
長谷寺（近鉄大阪線／奈良県）……37
八条（廃止）（近鉄京都線（奈良電鉄）／京都府）……118
八戸〔はちのへ〕（東北本線／青森県）……100
八戸（旧称）（八戸線／青森県）……100, 128
八郎潟（奥羽本線／秋田県）……120
花小金井（西武新宿線／東京都）……56
羽田空港国際線ターミナル（京急空港線／東京都）……115
羽田空港国内線ターミナル（京急空港線／東京都）……115
羽田空港第１ビル（東京モノレール／東京都）……114
羽田空港第２ビル（東京モノレール／東京都）……114
浜海岸（旧称）（京成（京成電気軌道）千葉線／千葉線）……63
浜小清水（釧網本線／北海道）……76
浜中海水浴場（廃止）（留萌本線／北海道）……64
浜名湖佐久米〔さくめ〕（天竜浜名湖鉄道／静岡県）……73
早川（東海道本線／神奈川県）……70
林崎松江海岸（山陽電鉄／兵庫県）……63
原町田（旧称）（横浜線／東京都）……99
阪神国道（阪急今津線／兵庫県）……77
阪和貝塚（旧称）（阪和線（阪和電鉄）／大阪府）……135
阪和岸和田（旧称）（阪和線（阪和電鉄）／大阪府）……135

西鹿児島（旧称）（鹿児島本線／鹿児島県）……………………………………97, 134
西川原・就実〔西川原〕（山陽本線／岡山県）……………………………… 132
西新宿（東京メトロ丸ノ内線／東京都）……………………………………… 133
西線九条（旧称）（札幌市電／北海道）………………………………………… 3
西線九条旭山公園通（札幌市電／北海道）……………………………………… 3
二十軒家（旧称）（名鉄瀬戸線／愛知県）…………………………………… 142
西中島南方（大阪メトロ御堂筋線／大阪府）……………………………… 130
西登戸〔にしのぶと〕（京成千葉線／千葉県）……………………………63
西ノ宮（旧称）（東海道本線／兵庫県）…………………………………………91
西山名（上信電鉄／群馬県）…………………………………………………………65
二重橋前（東京メトロ千代田線／東京都）………………………………85
二条（山陰本線／京都府）……………………………………………………… 117
二上〔にじょう〕神社口（近鉄南大阪線／奈良県）…………………………37
ニセコ（函館本線／北海道）………………………………………………… 113
日産前（旧称）（岳南電車（岳南鉄道）／静岡県）……………………………10
日生〔にっせい〕中央（能勢電鉄日生線／兵庫県）……………………… 127
日本橋〔にっぽんばし〕（大阪メトロ堺筋線／大阪府）……………… 26, 85, 123
日本橋〔にほんばし〕（東京メトロ銀座線／東京都）…………………26, 122
日本へそ公園（加古川線／兵庫県）………………………………………………60
日本ライン今渡〔いまわたり〕（名鉄広見線／岐阜県）………………… 116
韮山（伊豆箱根鉄道駿豆線／静岡県）……………………………………………91

【ね】

根雨〔ねう〕（伯備線／鳥取県）………………………………………………… 8
根室標津〔ねむろしべつ〕（廃止）（標津線／北海道）……………………… 145

【の】

能生〔のう〕（えちごトキめき鉄道日本海ひすいライン／新潟県）…………………… 6
農学部前（高松琴平電鉄長尾線／香川県）…………………………………33
のの岳（気仙沼線／宮城県）……………………………………………… 30, 82

都立大学（東急東横線／東京都）…… 140
トロッコ嵐山（嵯峨野観光鉄道／京都府）…… 116
トロッコ亀岡（嵯峨野観光鉄道／京都府）…… 116
トロッコ嵯峨（嵯峨野観光鉄道／京都府）…… 116

【な】

中浦和（埼京線／埼玉県）…… 133
中岡崎（愛知環状鉄道／愛知県）…… 128
中佐世保（松浦鉄道／長崎県）…… 128
長篠城〔ながしのじょう〕（飯田線／愛知県）……43
中新湊〔なかしんみなと〕（万葉線／富山県）…… 128
中津幡〔なかつばた〕（七尾線／石川県）…… 128
長門一ノ宮（旧称）（山陽本線／山口県）……93, 123
長門市〔ながとし〕（山陰本線／山口県）……90
中滑川〔なかなめりかわ〕（富山地鉄本線／富山県）…… 128
長堀橋（大阪メトロ堺筋線／大阪府）……85
長町南町宮城第二病院前（廃止）（仙台市電／宮城県）…… 4
中百舌鳥〔なかもず〕（大阪メトロ御堂筋線／大阪府）…… 112
ナゴヤドーム前矢田（名古屋市営地下鉄名城線／愛知県）…… 131
那須塩原（東北新幹線／栃木県）……59
なにわ橋（京阪中之島線／大阪府）……85
七日町〔なぬかまち〕（只見線／福島県）…… 120
那波〔なば〕（旧称）（山陽鉄道／兵庫県）…… 7
浪板〔なみいた〕海岸（山田線＊／岩手県）……62
鳴子温泉（陸羽東線／宮城県）……46
〔なんば〕（大阪メトロ御堂筋線／大阪府）…… 111

【に】

新倉〔にいぐら〕（旧称）（東武東上線／埼玉県）…… 142
西浦和（武蔵野線／埼玉県）…… 132

【て】

光岡〔てるおか〕（久大本線／大分県）……25
電気ビル前（富山地鉄市内電車／富山県）…… 114
デンテツターミナルビル（とさでん交通後免線／高知県）……11, 114
天満橋（京阪本線／大阪府）……85
天竜川（東海道本線／静岡県）……71

【と】

土〔ど〕（廃止）（神岡軌道／岐阜県）…… 5
土合〔どあい〕（上越線／群馬県）…… 137
東海製鉄前（旧称）（名鉄常滑線／愛知県）…… 9
東海大学前（小田急小田原線／神奈川県）……33
東京（東海道本線／東京都）……57
東京競馬場前（廃止）（中央本線（下河原線）／東京都）…… 3
東京ディズニーランド・ステーション（ディズニーリゾートライン／千葉県）… 116
等持院（京福電鉄北野線／京都府）……37
塔のへつり（会津鉄道／福島県）…… 111
東武動物公園（東武伊勢崎線／埼玉県）……11
十日町（飯山線／新潟県）…… 120
ドーム前千代崎（大阪メトロ長堀鶴見緑地線／大阪府）…… 130
常葉〔とこは〕大学前（天竜浜名湖鉄道／静岡県）……33
都庁前（都営地下鉄大江戸線／東京都）……32
獨協大学前（東武伊勢崎線／埼玉県）…… 33, 51
都電雑司ヶ谷（都電荒川線／東京都）…… 125
鳥羽街道（京阪本線／京都府）……79
戸畑（鹿児島本線／福岡県）……88
豊田市（名鉄三河線／愛知県）…… 9
鳥居（飯田線／愛知県）……43
都立高校（旧称）（東急東横線（東京横浜電鉄）／東京都）…… 141

【ち】

茅ケ崎（東海道本線／神奈川県）……91
地鉄ビル前（富山地鉄市内電車／富山県）……11, 114
千歳（千歳線／北海道）……41
千葉（総武本線／千葉県）……102
千葉海岸（旧称）（京成千葉線（京成電気軌道）／千葉線）……63
千葉ニュータウン中央（北総鉄道／千葉県）……127
茶臼山（飯田線／愛知県）……43
中央大学・明星大学（多摩モノレール／東京都）……128
中央弘前（弘南鉄道大鰐線／青森県）……126
中央前橋（上毛電鉄／群馬県）……126
長者ヶ浜潮騒はまなす公園前（鹿島臨海鉄道／茨城県）……2, 115
千代県庁口（福岡市営地下鉄箱崎線／福岡県）……132

【つ】

津（紀勢本線／三重県）……5
つきのわ（東武東上線／埼玉県）……29
つきみ野（東急田園都市線／神奈川県）……52
つくし野（東急田園都市線／東京都）……52
津田沼（総武本線／千葉県）……105
土樽信号場（旧称）（上越線／新潟県）……136
土樽（上越線／新潟県）……137
都筑〔つづき〕ふれあいの丘（横浜市営地下鉄グリーンライン／神奈川県）……130
つつじヶ丘（京王線／東京都）……50
綱島（東急東横線／神奈川県）……47
綱島温泉（旧称）（東急東横線／神奈川県）……47
鶴巻温泉（小田急小田原線／神奈川県）……47
鶴見小野（鶴見線／神奈川県）……13

高松（予讃線／香川県）……………………………………………………… 122
高松（多摩モノレール／東京都）……………………………………………… 122
滝谷〔たきだに〕不動（近鉄長野線／大阪府）……………………………37
田口（旧称）（えちごトキめき鉄道（信越本線）／新潟県）…………………66
武〔たけ〕（旧称）（鹿児島本線／鹿児島県）……………………………… 134
武雄（旧称）（佐世保線／佐賀県）…………………………………………92
武雄温泉（佐世保線／佐賀県）…………………………………………… 46, 92
竹沢（八高線／埼玉県）…………………………………………………… 106
武生〔たけふ〕（北陸本線／福井県）…………………………………………90
建部〔たけべ〕（津山線／岡山県）……………………………………………22
田沢湖（田沢湖線／秋田県）…………………………………………………74
立山（富山地鉄立山線／富山県）……………………………………………82
田無町〔たなしまち〕（旧称）（西武池袋線／東京都）……………………50
種差〔たねさし〕海岸（八戸線／青森県）…………………………………62
田端（東北本線（京浜東北線）／東京都）……………………………… 145
田畑（飯田線／長野県）…………………………………………………… 145
多磨（西武多摩川線／東京都）…………………………………………… 102
玉川（旧称）（東急玉川線（玉川電気鉄道）／東京都）………………… 108
玉川上水（西武拝島線／東京都）……………………………………………71
玉川村（水郡線／茨城県）………………………………………………… 108
多摩湖（旧称）（西武多摩湖線／東京都）…………………………… 74, 75
玉島（旧称）（山陽本線／岡山県）…………………………………………93
多摩センター（多摩モノレール／東京都）……………………52, 114, 127
たまプラーザ（東急田園都市線／神奈川県）………………………51, 115
多磨墓地前（旧称）（西武多摩川線／東京都）……………………… 102, 103
多磨霊園（京王線／東京都）……………………………………………55, 105
溜池山王（東京メトロ銀座線・南北線／東京都）………………………… 131
丹荘〔たんしょう〕（八高線／埼玉県）…………………………………… 106

千里中央（北大阪急行電鉄／大阪府） …… 127

【そ】

早雲の里荏原（井原鉄道／岡山県）……54
総合グランド宮城野中学校前（廃止）（仙台市電／宮城県）…… 4
宗吾参道（京成本線／千葉県）……37
雑司が谷（東京メトロ副都心線／東京都） …… 124
雑司ヶ谷（旧称）（都電荒川線／東京都）…… 125
総持寺〔そうじじ〕（阪急京都線／大阪府）……37

【た】

第一師範（旧称）（東急東横線（東京横浜電鉄）／東京都）……39
大学前（富山地鉄市内電車／富山県） ……33
大学前（近江鉄道本線／滋賀県）……33
大師（旧称）（京急大師線（京浜電気鉄道）／神奈川県）……35
太子橋今市（大阪メトロ谷町線／大阪府） …… 130
大聖寺（北陸本線／石川県）……89
大山口（山陰本線／鳥取県）…… 59, 81
大山〔だいせん〕（旧称）（山陰本線／鳥取県）……81
だいどう豊里（大阪メトロ今里筋線／大阪府） …… 110, 130
大雄山（伊豆箱根鉄道大雄山線／神奈川県）……82
平〔たいら〕（旧称）（常磐線／福島県） ……89
高尾（中央本線／東京都）…… 71, 80
高尾山口（京王高尾線／東京都）……59
高須神社〔じんしゃ〕（阪堺電気軌道阪堺線／大阪府） …… 26, 38
高根公団（新京成電鉄／千葉県）……51
鷹ノ巣（奥羽本線／秋田県）……91
高幡（旧称）（京王線（京王電気軌道）／東京都）…… 36, 55
高幡不動（京王線／東京都）…… 36, 55
高原〔たかはる〕（吉都線／宮崎県）……68

新横浜（東海道新幹線／神奈川県）……………………………………93

【す】

水泳場前（旧称）（上信電鉄／群馬県）…………………………………65
水族館口（鹿児島市電／鹿児島県）……………………………………39
水道橋（中央本線／東京都）………………………………………………85
スクリーン（近江鉄道高宮線／滋賀県）…………………………………10
逗子海岸（旧称）（京急逗子線／神奈川県）………………………… 101
すずかけ台（東急田園都市線／東京都）…………………………………52
鈴木町（京急大師線／神奈川県）…………………………………………15
住吉大社（南海本線／大阪府）……………………………………………37
住吉鳥居前（阪堺電気軌道阪堺線／大阪府）……………………………37

【せ】

聖愛中高前（弘南鉄道大鰐線／青森県）…………………………………33
西神中央（神戸市営地下鉄西神・山手線／兵庫県）………………… 127
聖蹟桜ヶ丘（京王線／東京都）……………………………………………55
西武球場前（西武狭山線／埼玉県）………………………………………75
西武遊園地（西武多摩湖線／東京都）……………………………………75
関市役所前（長良川鉄道／岐阜県）………………………………………32
関戸（旧称）（京王線（京王電気軌道）／東京都）……………………55
関目成育〔せきめいせいいく〕（大阪メトロ今里筋線／大阪府）…… 130
瀬戸市役所前（名鉄瀬戸線／愛知県）……………………………………32
泉岳寺（都営地下鉄浅草線／東京都）……………………………………37
善光寺（身延線／山梨県）…………………………………………………37
善光寺下（長野電鉄／長野県）……………………………………………37
千住大橋（京成本線／東京都）……………………………………………85
千寿ヶ原〔せんじゅがはら〕（旧称）（富山地鉄立山線／富山県）……82
センター北（横浜市営地下鉄／神奈川県）……………………………… 127
センター南（横浜市営地下鉄／神奈川県）……………………………… 127

新大久保（中央本線／東京都）……95
新大阪（東海道新幹線／大阪府）……93
新尾道（山陽新幹線／広島県）……93
神宮前（旧称）（東京メトロ（営団地下鉄）銀座線／東京都）……36, 78, 102
神宮前（名鉄名古屋本線／愛知県）……36
新倉敷（山陽新幹線／岡山県）……93
新神戸（山陽新幹線／兵庫県）……93
新小金井（西武多摩川線／東京都）……96
新子安（旧称）（京急本線（京浜電気鉄道）／神奈川県）……96
新子安（東海道本線（京浜東北線）／神奈川県）……96
しんざ（北越急行ほくほく線／新潟県）……112
心斎橋（大阪メトロ御堂筋線／大阪府）……85
新下関（山陽新幹線／山口県）……93
新宿（山手線・中央本線／東京都）……133
新宿西口（都営地下鉄大江戸線／東京都）……134
新白河（東北新幹線／福島県）……93
新逗子（京急逗子線／神奈川県）……101
新高岡（北陸新幹線／富山県）……93
新日鉄前（名鉄常滑線／愛知県）……9
新函館北斗（北海道新幹線／北海道）……93
新橋（東海道本線／東京都）……83
新花巻（東北新幹線／岩手県）……93
新原町田（旧称）（小田急小田原線／東京都）……99
新富士（東海道新幹線／静岡県）……93
新前橋（上越線／群馬県）……95
新水俣（九州新幹線／熊本県）……93
神武寺〔じんむじ〕（京急逗子線／神奈川県）……37
新森古市〔しんもりふるいち〕（大阪メトロ今里筋線／大阪府）……130
新八代（九州新幹線／熊本県）……93
新百合ヶ丘（小田急小田原線／神奈川県）……50

ジヤトコ前（岳南鉄道／静岡県）……………………………………………………10
自由ヶ丘（旧称）（東急東横線／東京都）…………………………………………49
自由が丘（東急東横線／東京都）……………………………………………………49
十九条（樽見鉄道／岐阜県）………………………………………………………… 119
十条（近鉄京都線／京都府）………………………………………………………… 118
十条（埼京線／東京都）……………………………………………………………… 118
十三（阪急神戸線・宝塚線・京都線／大阪府）………………………………… 120
夙川〔しゅくがわ〕（阪急電気鉄道神戸線／兵庫県） ……………………………70
宿野辺〔しゅくのべ〕（旧称）（函館本線／北海道）…………………………………80
修善寺（伊豆箱根鉄道駿豆線／静岡県） ……………………………………………90
俊徳道（近鉄大阪線／大阪府）…………………………………………………………79
城ヶ崎海岸（伊豆急行／静岡県）………………………………………………………63
上州三原（廃止）（草軽電気鉄道／群馬県）………………………………………… 130
聖天坂（阪堺電気軌道阪堺線／大阪府） ……………………………………………38
湘南逗子（旧称）（京急逗子線（湘南電気鉄道）／神奈川県）………………… 101
湘南田浦（旧称）（京急本線（湘南電気鉄道）／神奈川県）…………………… 102
湘南富岡（旧称）（京急本線（湘南電気鉄道）／神奈川県）…………………… 102
正丸〔しょうまる〕トンネル信号場（西武秩父線／埼玉県）…………………… 139
正明市〔しょうみょういち〕（旧称）（山陰本線／山口県） ……………………………90
上毛高原（上越新幹線／群馬県）………………………………………………………67
常紋〔じょうもん〕信号場（石北本線／北海道）…………………………………… 138
白井海岸（三陸鉄道北リアス線＊／岩手県） …………………………………………62
白糸台（西武多摩川線／東京都） ……………………………………………………… 105
白神岳登山口（五能線／青森県）………………………………………………………59
白浜海水浴場前（廃止）（島原鉄道／長崎県）…………………………………………64
尻内〔しりうち〕（旧称）（東北本線／青森県）………………………………… 100, 128
白鳥〔しろとり〕高原（長良川鉄道／岐阜県）……………………………………………67
新青森（東北新幹線／青森県） ……………………………………………………………93
新伊勢崎（東武伊勢崎線／群馬県） ………………………………………………………95
新岩国（山陽新幹線／山口県） ……………………………………………………………93

三ノ宮（東海道本線／兵庫県）……92

【し】

自衛隊前（札幌市営地下鉄南北線／北海道）……34
塩釜（東北本線／宮城県）……92
汐見橋（南海高野線（汐見橋線）／大阪府）……85
茂倉〔しげくら〕*信号場*（廃止）（上越線／群馬県）……137
市公園墓地前（旧称）（京王線（京王電気軌道）／東京都）……55
ししぶ（鹿児島本線／福岡県）……29
四条〔しじょう〕（旧称）（京阪本線／京都府）……117
四条（京都市営地下鉄烏丸線／京都府）……118
四条畷〔しじょうなわて〕（片町線／大阪府）……92
静内海水浴場（廃止）（日高本線／北海道）……64
資生館小学校前（札幌市電／北海道）……34
七条（京阪本線／京都府）……117
七条（旧称）（奈良鉄道／京都府）……117
四天王寺前夕陽ヶ丘（大阪市営地下鉄谷町線／大阪府）……49, 130
士別（宗谷本線／北海道）……145
島鉄〔しまてつ〕本社前（島原鉄道／長崎県）……11
下十条（旧称）（東北本線（京浜東北線）／東京都）……119
下部温泉（身延線／山梨県）……46
市役所前〔函館〕（函館市電／北海道）……32
市役所前〔千葉〕（千葉モノレール／千葉県）……32
市役所前〔福井〕（福井鉄道／福井県）……32
市役所前〔長野〕（長野電鉄／長野県）……32
市役所前〔豊橋〕（豊橋鉄道東田本線／愛知県）……32
市役所前〔御坊〕（紀州鉄道／和歌山県）……32
市役所前〔広島〕（広島電鉄市内線／広島県）……32
市役所前〔松山〕（伊予鉄道市内線／愛媛県）……32
市役所前〔鹿児島〕（鹿児島市電／鹿児島県）……32

栄（神戸電鉄粟生線／兵庫県）……………………………………………………………………40
栄（水島臨海鉄道／岡山県）……………………………………………………………………41
栄町〔さかえまち〕（旧称）（名古屋市営地下鉄東山線／愛知県）…………………………40
栄町（名鉄瀬戸線／愛知県）……………………………………………………………………43
栄町（札幌市営地下鉄東豊線／北海道）………………………………………………………40
坂祝〔さかほぎ〕（高山本線／岐阜県）…………………………………………………………22
相模厚木（旧称）（小田急小田原線／神奈川県）………………………………………… 127
相模湖（中央本線／神奈川県）…………………………………………………………………74
坂本（京阪石山坂本線／滋賀県）………………………………………………………………82
作見〔さくみ〕（旧称）（北陸本線／石川県）…………………………………………………46
桜井ノ駅（旧称）（阪急京都線／大阪府）……………………………………………………44
桜ヶ丘（小田急江ノ島線／神奈川県）…………………………………………………………50
桜上水（京王線／東京都）………………………………………………………………………55
さくらんぼ東根（奥羽本線（山形新幹線）／山形県）…………………………………… 53, 94
佐世保中央（松浦鉄道／長崎県）……………………………………………………………… 128
雑餉隈〔ざっしょのくま〕（旧称）（鹿児島本線／福岡県）…………………………………16
雑餉隈（西鉄天神大牟田線／福岡県）…………………………………………………………17
さっぽろ（札幌市営地下鉄南北線／北海道）……………………………………………… 112
狭山ヶ丘（西武池袋線／埼玉県）………………………………………………………………50
狭山湖（旧称）（西武狭山線／埼玉県）………………………………………………………75
産技総合研筑波東事業所つくば研究支援センター入口（旧称）（バス停・茨城県つくば市内／茨城県）……………………………………………………………… 4
参急名古屋（旧称）（近鉄名古屋線（参宮急行電鉄）／愛知県）………………………… 141
産業道路（京急大師線／神奈川県）……………………………………………………………77
参宮橋（小田急小田原線／東京都）……………………………………………………………86
三郷〔さんごう〕（関西本線／奈良県）…………………………………………………………26
三条（京阪本線／京都府）……………………………………………………………………… 117
産総研つくば東事業所つくば研究支援センター入口（バス停・茨城県つくば市内／茨城県）……………………………………………………………………… 4
三田〔さんだ〕（福知山線／兵庫県）……………………………………………………………26

護国寺（東京メトロ有楽町線／東京都）……37
小竃通〔こごめどおり〕（とさでん交通後免線／高知県）……79
越谷〔こしがや〕レイクタウン（武蔵野線／埼玉県）……52
小島新田（京急大師線／神奈川県）……16
五条（和歌山線／奈良県）……92
五条（旧称）（京阪本線／京都府）……117
五条（京都市営地下鉄烏丸線／京都府）……118
特牛〔こっとい〕（山陰本線／山口県）……17
木津〔こつ〕用水（名鉄犬山線／愛知県）……71
五農校前（津軽鉄道／青森県）……33
木場茶屋〔こばんちゃや〕（鹿児島本線／鹿児島県）……20
古井〔こび〕（高山本線／岐阜県）……25
小仏〔こぼとけ〕*信号場*（廃止）（中央本線／東京都）……139
駒ヶ岳（函館本線／北海道）……80
駒川中野（大阪メトロ谷町線／大阪府）……131
後免町〔ごめんまち〕（とさでん交通後免線／高知県）……113
子守唄の里高屋（井原鉄道／広島県）……54
挙母〔ころも〕（旧称）（名鉄三河線／愛知県）……9
金比羅前（鳴門線／徳島県）……38

【さ】

さいたま新都心（東北本線（京浜東北線）／埼玉県）……88
蔵王（奥羽本線／山形県）……59
境（旧称）（奥羽本線／秋田県）……123
境（旧称）（中央本線／東京都）……123
境（旧称）（境線／鳥取県）……123
境港（境線／鳥取県）……123
境港水産物直売センター・境港港湾合同庁舎（バス停・鳥取県境港市内／鳥取県）……4
栄（名古屋市営地下鉄東山線／愛知県）……40

京急田浦（京急本線／神奈川県）……………………………………………………… 102
京急富岡（京急本線／神奈川県）……………………………………………………… 102
京成上野（京成本線／東京都）……………………………………………………………97
京成千葉（京成千葉線／千葉県）……………………………………………………… 102
京成千葉（旧称）（京成千葉線／千葉県）………………………………………… 103
京成西船（京成本線／千葉県）………………………………………………………… 107
慶徳校前（熊本市電／熊本県）……………………………………………………………34
京浜逗子（旧称）（京急逗子線／神奈川県）……………………………………… 101
京浜田浦（旧称）（京急本線／神奈川県）………………………………………… 102
京浜富岡（旧称）（京急本線／神奈川県）………………………………………… 102
検見川浜〔けみがわはま〕（京葉線／千葉県）…………………………………………63
介良通〔けらどおり〕（とさでん交通後免線／高知県） ……………………………79
健軍校前〔けんぐんこうまえ〕（熊本市電／熊本県） ………………………………34
県庁跡（旧称）（鹿児島市電／鹿児島県）……………………………………………39
県庁前（旧称）（鹿児島市電／鹿児島県）……………………………………………39
原爆ドーム前（広島電鉄市内線／広島県）……………………………………………34

【こ】

甲州街道（多摩都市モノレール／東京都） ……………………………………………76
高知商業前（四国土讃線／高知県）………………………………………………………33
神戸〔ごうど〕（わたらせ渓谷鐵道／群馬県）……………………………………20, 132
神土〔ごうど〕（旧称）（わたらせ渓谷鐵道（足尾線）／群馬県）………………21
豪徳寺（小田急小田原線／東京都）………………………………………………………37
幌南〔こうなん〕小学校前（札幌市電／北海道） ……………………………………34
神戸三宮（阪急神戸線・阪神本線／兵庫県） …………………………………………92
近義の里〔こぎのさと〕（水間鉄道／大阪府）…………………………………………28
国鉄千葉駅前（旧称）（京成千葉線／千葉県）…………………………… 102, 103
国道（鶴見線／神奈川県）…………………………………………………………………77
小倉（鹿児島本線／福岡県）………………………………………………………………88
極楽寺（江ノ島電鉄／神奈川県）…………………………………………………………37

近畿日本名古屋（旧称）（近鉄名古屋線／愛知県）……………………………… 142
金田一〔きんたいち〕温泉（IGR いわて銀河鉄道／岩手県）…………………………46
近鉄名古屋（近鉄名古屋線／愛知県）………………………………………………… 141
近鉄日本橋〔にっぽんばし〕（近鉄難波線／大阪府）………………………………85

【く】

くいな橋（京都市営地下鉄烏丸線／京都府）…………………………………… 111
空港第２ビル（成田線・京成本線／千葉県）…………………………………… 114
鵠沼〔くげぬま〕海岸（小田急江ノ島線／神奈川県）……………………………63
草津（東海道本線／滋賀県）…………………………………………………………45
九条（京都市営地下鉄烏丸線／京都府）………………………………………… 118
九頭竜湖（越美北線／福井県）………………………………………………………76
くびき（北越急行ほくほく線／新潟県）………………………………………… 112
九品仏〔くほんぶつ・初代〕（旧称）（東急東横線（東京横浜電鉄）／東京都）………49
熊本城・市役所前（熊本市電／熊本県）……………………………………………32
倉吉（山陰本線／鳥取県）………………………………………………………… 101
倉吉（廃止）（倉吉線／鳥取県）………………………………………………… 101
くりこま高原（東北新幹線／宮城県）………………………………67, 68, 94, 111
車折〔くるまざき〕（旧称）（京福電鉄嵐山線／京都府）…………………………39
車折神社（京福電鉄嵐山線／京都府）……………………………………… 37, 39
黒田（名鉄名古屋本線／愛知県）……………………………………………………69

【け】

京王車庫前（旧称）（京王線（京王電気軌道）／東京都）……………………………55
京王多摩センター（京王相模原線／東京都）…………………………………… 127
京王永山（京王相模原線／東京都）…………………………………………………52
京王堀之内（京王相模原線／東京都）………………………………………………52
京王よみうりランド（京王相模原線／東京都）………………………………… 114
京急新子安（京急本線／神奈川県）…………………………………………………97

義塾高校前（弘南鉄道大鰐線／青森県）……………………………………33
木曽川（東海道本線／愛知県）……………………………………………69
木曽川堤（名鉄名古屋本線／愛知県）…………………………… 69, 70
北浦湖畔（鹿島臨海鉄道／茨城県）……………………………………73
北浦和（東北本線（京浜東北線）／埼玉県）………………………… 133
北 34 条（札幌市営地下鉄南北線／北海道）………………………… 119
北 12 条（札幌市営地下鉄南北線／北海道）………………………… 119
北 18 条（札幌市営地下鉄南北線／北海道）………………………… 119
北千里（阪急千里線／大阪府）……………………………………………52
北多磨（旧称）（西武多摩川線／東京都）…………………………… 104
北 24 条（札幌市営地下鉄南北線／北海道）………………………… 119
北広島（千歳線／北海道）……………………………………………… 134
木津温泉（京都丹後鉄道宮豊線／京都府）……………………………46
木ノ下（飯田線／長野県）…………………………………………………24
吉備真備〔きびのまきび〕（井原鉄道／岡山県）………………………54
希望ヶ丘（相鉄本線／神奈川県）…………………………………………50
厳木〔きゅうらぎ〕（唐津線／佐賀県）……………………………………23
教育大前（鹿児島本線／福岡県）…………………………………………33
教会前（鳴門線／徳島県）…………………………………………………39
京セラ前（近江鉄道本線／滋賀県）………………………………… 10, 34
京都（東海道本線／京都府）…………………………………………… 117
京都市役所前（京都市営地下鉄東西線／京都府）……………………32
京橋（東京メトロ銀座線／東京都）………………………………………84
京橋（大阪環状線／大阪府）………………………………………………85
京町温泉（吉都線／宮崎県）………………………………………………46
清澄白河（都営地下鉄大江戸線／東京都）………………………… 131
清水五条（京阪本線／京都府）………………………………………… 117
キリンビール前（廃止）（京急本線／神奈川県）………………………12
喜連瓜破〔きれうりわり〕（大阪メトロ谷町線／大阪府）………… 130
紀和（紀勢本線／和歌山県）…………………………………………98, 134

金津〔かなづ〕(旧称)(北陸本線/福井県)……46
蟹沢〔かにさわ〕(廃止)(奥羽本線/山形県)……53
金子(旧称)(京王線/東京都)……50
金子(八高線/埼玉県)……106
上高井戸(旧称)(京王線/東京都)……55
上ノ山(旧称)(奥羽本線/山形県)……46, 93
かみのやま温泉(奥羽本線/山形県)……46, 93
冠着〔かむりき〕(篠ノ井線/長野県)……43
唐木田〔からきだ〕(小田急多摩線/東京都)……52
狩勝給水給炭所(廃止)(根室本線/北海道)……137
川口(東北本線(京浜東北線)/埼玉県)……124
川口(旧称)(東北本線/岩手県)……124
川口町〔まち〕(旧称)(東北本線/埼玉県)……124
川崎大師(京急大師線/神奈川県)……35
川跡〔かわと〕(一畑電車/島根県)……72
川原湯〔かわらゆ〕温泉(吾妻線/群馬県)……46
関急〔かんきゅう〕*名古屋*(旧称)(近鉄名古屋線/愛知県)……141
神崎川(阪急神戸線/大阪府)……70
神田(中央本線/東京都)……144
苅田〔かんだ〕(日豊本線/福岡県)……144
刈田〔かんだ〕(旧称)(日豊本線/福岡県)……144
関大前(阪急千里線/大阪府)……33
関門海峡めかり(北九州銀行レトロライン(平成筑豊鉄道)/福岡県)……112
甘露寺前〔かんろじまえ〕(和歌山電鐵/和歌山県)……37

【き】

木下〔きおろし〕(成田線/千葉県)……24
祇園四条〔ぎおんしじょう〕(京阪本線/京都府)……117
菊川〔きくがわ〕(東海道本線/静岡県)……71
鬼子母神前〔きしぼじんまえ〕(都電荒川線/東京都)……125

柏原〔かいばら〕（福知山線／兵庫県）……………………………………………26
海浜幕張〔かいひんまくはり〕（京葉線／千葉県）………………………………63
加賀一の宮（廃止）（北陸鉄道石川線／石川県）…………………………… 124
加賀温泉（北陸本線／石川県）……………………………………………………46
各務ケ原〔かかみがはら〕（高山本線／岐阜県）…………………………………91
各務原市役所前（名鉄各務原線／岐阜県）………………………………………32
柿生（小田急小田原線／神奈川県）…………………………………………… 106
柿ノ木坂（旧称）（東急東横線／東京都）……………………………………… 141
学芸大学（東急東横線／東京都）…………………………………………39, 140
掛川市役所前（天竜浜名湖鉄道／静岡県）………………………………………32
鹿児島（鹿児島本線／鹿児島県）……………………………………………… 134
鹿児島中央（鹿児島本線／鹿児島県）……………………………………97, 134
梶栗郷〔かじくりごう〕台地（山陰本線／山口県）……………………………30
橿原〔かしはら〕神宮前（近鉄橿原線／奈良県）………………………………36
鹿島サッカースタジアム（鹿島臨海鉄道／茨城県）………………………… 114
柏原〔かしわばら〕（東海道本線／滋賀県）……………………………………26
柏原〔かしわら〕（関西本線／大阪府）……………………………………………26
春日野道〔かすがのみち〕（阪神本線・阪急神戸線／兵庫県）…………………79
上総一ノ宮（外房線／千葉県）………………………………………………… 123
霞ケ関（東京メトロ丸ノ内線／東京都）…………………………………………58
笠田〔かせだ〕（和歌山線／和歌山県）……………………………………………25
片平丁検察庁家庭裁判所前（廃止）（仙台市電／宮城県）……………………… 4
葛飾（旧称）（京成本線／千葉県）……………………………………………… 107
勝沼（旧称）（中央本線／山梨県）………………………………………………53
勝沼ぶどう郷〔きょう〕（中央本線／山梨県）……………………………………53
神奈川（京急本線／神奈川県）………………………………………………… 146
金川〔かながわ〕（津山線／岡山県）…………………………………………… 146
神奈川新町（京急本線／神奈川県）…………………………………………… 101
金沢八景（京急本線／神奈川県）…………………………………………………44
金沢文庫（京急本線／神奈川県）……………………………………………… 101

大畑〔おこば〕（肥薩線／熊本県）……19
刑部〔おさかべ〕（姫新線／岡山県）……22
オサワ信号場（石勝線／北海道）……138
男鹿〔おじか〕高原（野岩鉄道／栃木県）……67, 68
小田急多摩センター（小田急多摩線／東京都）……114, 127
小田急永山（小田急多摩線／東京都）……52
小田急本社前（旧称）（小田急小田原線／東京都）……12
落合南長崎（都営地下鉄大江戸線／東京都）……131
御茶ノ水（中央本線／東京都）……42
姨捨〔おばすて〕（篠ノ井線／長野県）……43
小幡〔おばた〕（名鉄瀬戸線／愛知県）……146
小俣〔おばた〕（近鉄山田線／三重県）……146
御花畑（秩父鉄道／埼玉県）……29
生保内〔おぼない〕（旧称）（田沢湖線（生保内線）／秋田県）……74
麻績〔おみ〕（旧称）（篠ノ井線／長野県）……66
御室〔おむろ〕（旧称）（京福電鉄北野線／京都府）……39
御室仁和寺〔にんなじ〕（京福電鉄北野線／京都府）……37, 39
面白山〔おもしろやま〕（旧称）（仮乗降場）（仙山線／山形県）……67
面白山信号場（仙山線／山形県）……139
面白山高原（仙山線／山形県）……67
表参道（東京メトロ銀座線／東京都）……36, 78, 102
オレンジタウン（高徳線／香川県）……52
尾張一ノ宮（旧称）（東海道本線／愛知県）……123
尾張一宮（東海道本線／愛知県）……123

【か】

海岸寺（予讃線／香川県）……37, 64
海岸通（広島電鉄市内線／広島県）……63
蚕ノ社〔かいこのやしろ〕（京福電鉄嵐山線／京都府）……37
海水浴前（廃止）（鶴見線（鶴見臨港鉄道）／神奈川県）……64

王寺（関西本線／奈良県）…………………………………………………………… 146
王子神谷（東京メトロ南北線／東京都）…………………………………………… 131
青梅街道（西武多摩湖線／東京都）……………………………………………………79
大井競馬場前（東京モノレール／東京都）……………………………………………34
大浦海岸通（長崎電気軌道／長崎県）…………………………………………………63
大江高校前（京都丹後鉄道宮福線／京都府）…………………………………………33
大川（鶴見線／神奈川県）………………………………………………………………15
大久保（奥羽本線／秋田県）………………………………………………………… 122
大久保（中央本線／東京都）………………………………………………………… 122
大久保（近鉄京都線／京都府）……………………………………………………… 122
大久保（山陽本線／兵庫県）………………………………………………………… 122
大倉山（東急東横線／神奈川県）………………………………………………………56
大阪阿部野橋（近鉄南大阪線／大阪府）………………………………………………85
大阪教育大前（近鉄大阪線／大阪府）…………………………………………………33
大塚・帝京大学（多摩モノレール／東京都）……………………………………… 129
大通（札幌市営地下鉄南北線／北海道）………………………………………………78
大根〔おおね〕（旧称）（小田急小田原線／神奈川県）……………………………33
大町一丁目西公園市立天文台前（廃止）（仙台市電／宮城県）…………………… 4
大森・金城学院前（名鉄瀬戸線／愛知県）………………………………………… 131
大森海岸（京急本線／東京都）…………………………………………………………62
大谷海岸（気仙沼線〔BRT〕／宮城県）………………………………………………62
大鰐温泉〔おおわに〕（奥羽本線／青森県）…………………………………………46
男鹿（男鹿線／秋田県）……………………………………………………………… 7
尾久〔おく〕（東北本線／東京都）………………………………………………… 146
邑久〔おく〕（赤穂線／岡山県）…………………………………………………… 146
奥大井湖上（大井川鐵道井川線／静岡県）……………………………………………73
奥田中学校前（富山ライトレール／富山県）…………………………………………34
奥中山（旧称）（IGR いわて銀河鉄道（東北本線）／岩手県）……………………68
奥中山高原（IGR いわて銀河鉄道／岩手県）…………………………………………68
奥浜名湖（天竜浜名湖鉄道／静岡県）…………………………………………………73

宇宿〔うすき〕(指宿枕崎線/鹿児島県) …… 146
太秦〔うずまさ〕(旧称)(京福電鉄嵐山線/京都府) …… 39
太秦広隆寺(京福電鉄嵐山線/京都府) …… 37, 39
現川〔うつつがわ〕(長崎本線/長崎県) …… 23
ウッディタウン中央(神戸電鉄公園都市線/兵庫県) …… 52, 115
打吹〔うつぶき〕(廃止)(倉吉線/鳥取県) …… 101
宇奈月温泉(富山地鉄本線/富山県) …… 46
宇島〔うのしま〕(日豊本線/福岡県) …… 90
海の王迎〔おうむかえ〕(土佐くろしお鉄道中村線/高知県) …… 28
梅ケ峠〔うめがとう〕(山陰本線/山口県) …… 18
うらがわら(北越急行ほくほく線/新潟県) …… 112
浦安(東京メトロ東西線/千葉県) …… 41
浦和(東北本線(京浜東北線)/埼玉県) …… 133
運河(東武野田線/千葉線) …… 72

【え】

頴娃〔えい〕(指宿枕崎線/鹿児島県) …… 6
叡山(旧称)(湖西線/滋賀県) …… 82
江戸川橋(東京メトロ有楽町線/東京都) …… 85
恵那(中央本線/岐阜県) …… 7
江尾〔えび〕(伯備線/鳥取県) …… 7
恵比寿(山手線/東京都) …… 38, 143
恵比須(神戸電鉄粟生線/兵庫県) …… 143
恵美須町(阪堺電気軌道阪堺線/大阪府) …… 143
蛭子前〔えびすまえ〕(旧称)(鳴門線/徳島県) …… 38

【お】

青木〔おうぎ〕(阪神本線/兵庫県) …… 25
扇町(鶴見線/神奈川県) …… 14
王子(東北本線(京浜東北線)/東京都) …… 146

稲毛海岸（京葉線／千葉県）……………………………………………………63
稲田堤（南武線／神奈川県）……………………………………………………70
猪苗代湖畔〔休止〕（廃止）（磐越西線／福島県）……………………………73
井野（上越線／群馬県）………………………………………………………146
伊野（土讃線／高知県）………………………………………………………146
動橋〔いぶりはし〕（北陸本線／石川県）……………………………………18
今井浜海岸（伊豆急行／静岡県）……………………………………………63, 64
今井浜海水浴場（旧称）（伊豆急行／静岡県）………………………………64
今福鶴見（大阪メトロ長堀鶴見緑地線／大阪府）…………………………130
今宮戎〔えびす〕（南海高野線／大阪府）……………………………………38
揖屋〔いや〕（山陰本線／島根県）……………………………………………7
伊予三島（予讃線／愛媛県）……………………………………………………89
杁ヶ池〔いりがいけ〕公園（リニモ／愛知県）………………………………19
いりなか（名古屋市営地下鉄鶴舞線／愛知県）………………………………19
入野（旧称）（上信電鉄／群馬県）……………………………………………65
入間川水泳場（廃止）（東武東上線／埼玉県）…………………………………65
いわき（常磐線／福島県）………………………………………………………89
磐城西郷〔にしごう〕（旧称）（東北本線／福島県）…………………………93
岩手川口（IGRいわて銀河鉄道（東北本線）／岩手県）………………………124
岩手湯田（旧称）（北上線／岩手県）………………………………………67, 73
伊部〔いんべ〕（赤穂線／岡山県）……………………………………………22

【う】

上野公園（旧称）（京成本線／東京都）………………………………………97
羽後境（奥羽本線／秋田県）……………………………………………………123
牛込神楽坂（都営地下鉄大江戸線／東京都）…………………………………131
牛渕団地前（伊予鉄道横河原線／愛媛県）……………………………………34
有珠〔うす〕（室蘭本線／北海道）………………………………………………7
臼井〔うすい〕（京成本線／千葉県）…………………………………………112
臼杵〔うすき〕（日豊本線／大分県）…………………………………………146

【い】

飯井〔いい〕（山陰本線／山口県）…… 6
飯田橋（中央本線／東京都）……85
伊賀神戸〔かんべ〕（近鉄大阪線／三重県）……20
井川さくら（奥羽本線／秋田県）……55
石原〔いさ〕（山陰本線／京都府）……24
石和〔いさわ〕（旧称）（中央本線／山梨県）……92
石和〔いさわ〕温泉（中央本線／山梨県）…… 46, 92
石才〔いしざい〕（水間鉄道／大阪府）……28
石原町（日田彦山線／福岡県）……25
いずえ（井原鉄道／岡山県）…… 111
伊豆高原（伊豆急行／静岡県）……65
伊豆長岡（伊豆箱根鉄道駿豆線／静岡県）……91
泉ヶ丘（泉北高速鉄道／大阪府）……50
出雲今市（旧称）（山陰本線／島根県）……90
出雲市（山陰本線／島根県）……90
出雲大社前（一畑電車／島根県）……36
伊勢市（参宮線／三重県）……90
一ノ関（東北本線／岩手県）……91
一ノ宮（旧称）（東海道本線／愛知県）…… 123
一ノ宮（旧称）（飯田線／愛知県）…… 123
一ノ宮（旧称）（山陽本線／山口県）…… 123
一ノ宮（旧称）（外房線／千葉県）…… 123
一分（近鉄生駒線／奈良県）…… 146
一武（くま川鉄道／熊本県）…… 146
五日市（山陽本線／広島県）…… 120
五日町（上越線／新潟県）…… 120
いづろ通（鹿児島市電／鹿児島県）…… 111
伊東（伊東線／静岡県）……47

浅草橋（総武本線／東京都）……85
朝倉街道（西鉄天神大牟田線／福岡県）……79
浅野（鶴見線／神奈川県）……13
旭川四条（宗谷本線／北海道）……119
旭山公園通（旧称）（札幌市電／北海道）……3
あざみ野（東急田園都市線／神奈川県）……52
浅虫（旧称）（青い森鉄道（東北本線）／青森県）……45
浅虫温泉（青い森鉄道／青森県）……45
味の素前（旧称）（京急大師線／神奈川県）……15
芦原橋（大阪環状線／大阪府）……85
芦屋川（阪急神戸線／兵庫県）……70
あすなろう四日市（四日市あすなろう鉄道／三重県）……113
アスモ前（天竜浜名湖鉄道／静岡県）……10
阿蘇〔あそ〕（豊肥本線／熊本県）……59, 146
阿曽（紀勢本線／三重県）……146
熱海（東海道本線／静岡県）……47
熱田（東海道本線／愛知県）……36
安比〔あっぴ〕高原（花輪線／岩手県）……67
温海（旧称）（羽越本線／山形県）……46, 111
あつみ温泉（羽越本線／山形県）……46, 111
阿仁マタギ（秋田内陸縦貫鉄道／秋田県）……55
我孫子道（阪堺電気軌道阪堺線／大阪府）……79
アプトいちしろ（大井川鐵道井川線／静岡県）……116
安倍川（東海道本線／静岡県）……71
餘部〔あまるべ〕（山陰本線／兵庫県）……27
荒川（旧称）（京成押上線／東京都）……71
芦原〔あわら〕温泉（北陸本線／福井県）……46
安善（鶴見線／神奈川県）……14
安中榛名〔あんなかはるな〕（北陸新幹線／群馬県）……94

おもな駅名索引

- 駅名（停車場および停留場）に付した鉄道名および線名は現在の呼称です。ただし旧称は存在した時代の名称を（　）内に付した。
- 鉄道の社名および線名は一部通称・系統名・略称を使用しています（単に○○線とあるのはJR。ただし「万葉線」を除く）。なお関係路線が複数にまたがる場合は一部を省略しました。
- 信号場に変更された駅は廃駅扱いとしました。
- ＊印を付した三陸鉄道北リアス線・南リアス線・JR山田線の3線は平成30年（2018）度末に三陸鉄道リアス線となる予定です。

【あ】

相生（山陽本線／兵庫県）…… 7, 146

相老（東武桐生線／群馬県）…… 146

愛大医学部南口（伊予鉄道横河原線／愛媛県）……33

会津高原（旧称）（会津鉄道／福島県）……67

会津高原尾瀬口（会津鉄道・野岩鉄道／福島県）…… 67, 68

会津滝ノ原（旧称）（会津鉄道（会津線）／福島県）……67

アイランドセンター（神戸新交通六甲アイランド線／兵庫県）…… 115

青葉台（東急田園都市線／神奈川県）……52

青山師範（旧称）（東急東横線／東京都）……39

青山六丁目（旧称）（東京メトロ銀座線（東京高速鉄道）／東京都）……78

赤土〔あかど〕小学校前（舎人ライナー／東京都）……34

赤羽岩淵（東京メトロ南北線／東京都）…… 131

上井〔あげい〕（旧称）（山陰本線／鳥取県）…… 101

曙橋（都営地下鉄新宿線／東京都）……86

浅川（旧称）（中央本線／東京都）…… 71, 80

日本全国 駅名めぐり

定価：本体 1,400 円（税別）

平成30年6月13日　初版発行

著　者　今尾恵介
発行者　和田　裕

発行所　日本加除出版株式会社
本　社　郵便番号 171－8516
東京都豊島区南長崎3丁目16番6号
TEL (03)3953-5757(代表)
(03)3952-5759(編集)
FAX (03)3953-5772
URL http://www.kajo.co.jp/

営業部　郵便番号 171－8516
東京都豊島区南長崎3丁目16番6号
TEL (03)3953-5642
FAX (03)3953-2061

組版・印刷　㈱亨有堂印刷所　／　製本　牧製本印刷㈱

落丁本・乱丁本は本社でお取替えいたします。

ISBN978-4-8178-4482-8　C0025　¥1400E